珍藏版

陈香梅

战火中的传奇爱情

白瑾萱◎著

北京燕山出版社
BEIJING YANSHAN PRESS

图书在版编目（CIP）数据

陈香梅：战火中的传奇爱情／白瑾萱著. —北
京：北京燕山出版社，2017.4
ISBN 978 - 7 - 5402 - 4456 - 9

I. ①陈… II. ①白… III. ①陈香梅（Anna 1925 - ）
—生平事迹 IV. ①K837. 127 = 6

中国版本图书馆 CIP 数据核字（2017）第 055872 号

陈香梅：战火中的传奇爱情

作　　者　白瑾萱
责任编辑　王　迪
设　　计　张合涛
责任校对　史小东
出版发行　北京燕山出版社
地　　址　北京市西城区陶然亭路 53 号
电　　话　010 - 65243837
邮　　编　100054
印　　刷　河北信德印刷有限公司
开　　本　880mm × 1230mm　1/32
字　　数　165 千字
印　　张　9
版　　次　2018 年 5 月第 1 版
印　　次　2024 年 5 月第 2 次印刷
定　　价　46.00 元

序　言

　　一直以来，人们对陈香梅身份的定义都是争论不一的。

　　有人说，她是中国人的女儿；有人说，她是美国人的媳妇；有人说，她是美国政府的政客；又有人说，她是中国人民的友好大使。

　　多重身份的叠加下，陈香梅自然而然地成了世界历史长河中独一无二的传奇人物。历史在她身上发生，不同国家的政治立场由她传递交换，经历的复杂造就了身份的繁复，想要硬生生地将她的身份一一拆开，显然无法做到。多年的争论并没有什么定论，与其为陈香梅的身份争辩得面红耳赤，不如给这些身份迥异的头衔做一个融合。于是，"游走于东西方之间的魅力女性"成了最令各方满意的称谓。

　　翻开陈香梅的语录，许多精辟的言论都将她经历过东西方文化上的融会贯通后的思想体现得淋漓尽致。

对于爱情的定义，陈香梅和同个时代的人两极分化得十分厉害，有人习惯于用古人的典籍进行描述，有人则喜欢用全盘西化的诗歌作为铺垫。但陈香梅却巧妙地中和了二者，她既认为"情人眼里出西施"的诗句阐述得精妙透彻，也认为摩登诗人的"沉醉"一词用得恰到好处。

她不会偏激地将东方文化打入冷宫，也不会盲目地推崇西方文明，在她看来，这两种文明都源自人类的本性，自然会有很多重叠的部分，而彼此之间的优缺点也是可以互补的。

正如她对孔子理论所提倡的辩证观点就充分体现了她善于思考的能力和她利用东西方文化取长补短的思考方式。孔子关于入世的观点和态度是陈香梅十分赞许的，她认为这一点与西方基督教中耶稣提倡的教义是一样的，都是十分积极主动的人生态度。但她又不盲目崇拜孔子，因为她觉得孔子有些言论也存在遗漏和不足。

比如，孔子在自己的书中曾提到"男子远庖厨"的理念，这一点虽然多年来被中国的士大夫奉为真理，但陈香梅却认为这和现代社会提倡的男女平等是相互矛盾的。工作没有贵贱，庖厨一类的工作并不一定要女人才能完成。当女人生病或是外出的时候，男人若有空闲时间也应该下厨做饭给家中老小食用，而不是听从孔圣人的话语在一旁闲坐，等候妻子回来再重新烧火做饭。

在山东曲阜的孔庙参观时，陈香梅对随行的人说了许多关于孔子本人及其言论的个人见解，这些东西方文化精髓碰撞后的思想精华虽然与平日里人们一贯的论调有些不同，但新颖的说法和解读同样让在场的人为之叹服。

历史的形成总会有深层的原因，一个人物的出现也必然有其内在的缘由。作为中国第一批外交官的后代，陈香梅似乎从出生起就注定会拥有非凡的成就。从祖父那里继承来的优秀的沟通能力和从母亲那里获得的语言天赋让陈香梅成为同个时代里为数不多的能在国外游刃有余生活的人，后来与陈纳德的结合更让她拥有了与西方人对话的环境和条件。

在中美问题上，基辛格因为那次华丽的中国之行而蜚声全球，与他相比，陈香梅的名气虽然不足以用"强盛"来形容，但在中美两国人民的心里，这个洞悉中美两国人民内心需求和心理状态的女人当之无愧地成为中美民间大使的第一人。

她用自己的魅力征服了中美两国政坛，也用自己的行动赢得了中美两国人民的热爱，让原本冰封的中美关系在民间交往中渐渐融化，更让彼此误解的人民拨开了心里的迷雾。

她坐在前排看着美国历史从眼前变换，又站在大洋彼岸用热切的目光关注日新月异的祖国。人们永远不会忘记历史留给陈香梅的舞台，更不会忘记她在历史长河中留下的痕迹，因为——

历史造就了陈香梅，而陈香梅更造就了历史。

✱目　录

第一章

儿童散学归来早

仲夏出生的梅花

生活总喜欢给人带来不经意的惊喜，有时候有心积攒的期待并不能获得理想的结果，无心插柳的机缘巧合却成就了一番事业。而陈香梅，正是这样一朵出人意料的"仲夏夜梅花"。

作为满清覆灭后的新时代里出生的孩子，陈香梅的诞生却并没能和封建婚姻脱离关系。祖籍福建的陈家在陈香梅的祖父陈晓云一辈经商发家，少年得志的他当上中国招商局局长后，与好友廖凤舒定下了"指腹为婚"的娃娃亲。

在那个以门当户对为标准的年代里，婚姻的诞生更多的是门第的联合与身份的延伸，高门贵族与平民百姓的结合虽然颇有"灰姑娘"情节的浪漫主义色彩，却终究不能在高低贵贱的现实社会中得到益处。

因此，在一男一女同时出生的故事里，行走于招商局的陈晓云和外交官出身的廖凤舒都觉得这段因缘与其说是巧合，不如说是天赐。

于是，多年后陈香梅的父亲陈应荣与母亲廖香词便在长辈的注目下走进了这段看起来理应美好的婚姻。但无论婚礼的场面多么宏大，盛况多么空前，两颗原本就在两个世界里的心还是没能靠拢到一处。

作为长子，陈应荣在十三岁丧父的时候，便被母亲送去伦敦念书，获得牛津大学的法学博士后又在美国哥伦比亚大学获得了哲学博士的学位。同样的，作为廖家的掌上明珠，廖香词的教育水平自然也不会逊色。除了在欧美受过良好的教育，廖香词还在英、法、意等国学习音乐和绘画，对现代艺术有着难得的领悟能力和造诣。

文化的积累让思想得以升华，积贫积弱的中国百姓习以为常的封建礼教也渐渐成了他们眼中最不可思议的行为。和包办婚姻相比，自由恋爱的魅力是巨大的，它让人们体会到爱情的甜蜜，并甘愿为对方献身。

在伦敦，廖香词与伦敦当地的贵族青年产生了刻骨铭心的爱情，为了自由，她曾经反抗过父亲，也曾经试图逃脱，但最终，新时代的步伐并没能改变旧时代里出来的旧人的思想。在父母的高压政策下，廖香词不得已前往古巴与这个二十年前就确定的"丈夫"完成了婚约。

回眸往昔，廖香词当年的泪水和哭泣早已远去，我们不知道这个曾经如小鸟一样翱翔在蓝天的女子重新回到牢笼时有多么沮丧，但这段婚姻里的不愉悦却是可想而知的。

青春少女的梦幻从此被男尊女卑的生活替换，虽然陈应荣还保留着留学时的洋派作风，但流淌在他血液中关于传统夫妻关系的观念和想法却根深蒂固了。

陈应荣不是愚笨之人，更不是浑浑噩噩的富贵闲人，廖香词对婚姻的不满瞒不过他的眼睛，让他放下一家之主的身份委曲求全地挽回一个女人的心远比沉默不语艰难得多。

作为婚姻的结晶，孩子的出生成为双方父母及陈应荣的希望，但接二连三诞生的女婴却让这个渴望继承香火的中国男人开始有了不一样的情绪。

在陈香梅的印象里，祖母是她身边唯一拥有"三寸金莲"的女人。在那个大门不出二门不迈的年代里，男人对女人的全部印象竟然畸形地寄托在一双走不动路的小脚上。为了让自己的女儿能嫁个好人家，陈香梅的祖母才三岁便被长辈强制要求缠上脚布。

剧烈的疼痛直钻心里，可怜的女孩也反抗过，但终究还是父母和那陈旧的习俗占了上风。在这双小脚成型后，陈香梅的祖母果然获得了陈香梅祖父的青睐。于是，因为一双小脚，这女人成了大户人家的正室，曾经在老辈口里流传的"幸福"也因为这场婚姻变成了"真理"。

或许是这段经历的缘故，原先还有反抗意识的陈香梅祖母一下沦为封建礼教最无奈的顺从者。她吃斋念佛，为家庭祈福；守寡后，为了让家族兴盛，又送儿子出国读书；等孩子成家立业了，她又和别的妇女一样，期盼着儿媳能生个男孩儿继承陈家的香火。

孔子的儒家思想在中国被奉为至理，"不孝有三，无后为大"的说法也深深地影响着生活在这片土地上的人。提倡男女平等的今天，男人和女人的分工不同，但很少有某个领域或者某件事情直接将女人拒之门外。但从满清脱胎的民国时代却不一样。

那个时候，女人虽然也是独立的生命体，但养老送终、继承香火的事情只有男人可以完成。这种时候，女人连附庸都算不上，只能算"泼出去的水"，或是陈香梅回忆里对女孩最常用的形容："赔钱货"。

不到两岁，长女陈静宜聪明活泼的个性已经在她弱小的生命里彰显得淋漓尽致，众人的宠爱自然不会少，但陈应荣还是感到遗憾，因为在封建姓氏的"规章制度"里，即便再聪明的女子也不如一个愚笨的男子，因为女孩永远都不可能成为某个姓氏的指望。

父亲当年生意失败后纵身一跳的场景还在脑海里盘旋，母亲多年来孤苦伶仃、含辛茹苦将自己拉扯大的景象也是他挥之不去的苦楚。年少离家的他国文能力比不上本土青年，工作上的失利与家事的不如意让他开始厌倦婚姻，甚至厌倦妻子。

环视四周，有身份的氏族商贾会用迎娶小妾的办法解决传宗接代的难题，但陈家显然不能走这条路。除了父亲本身留过洋，对三妻四妾的生活拥有本能的排斥外，廖香词的家族势力和背景也不容许自己的女儿成为陈家的"过气太太"。

于是，陈家成了当时为数不多的"一夫一妻"制的家庭，即便这个家庭已经降生了六个女儿，陈应荣也只能将希望寄托在可能出现的"七弟"上，而不去想纳妾的风花雪月。

看着原认为门当户对的联姻成了子嗣绵延的限制，陈应荣与廖香词之间的共同话题越来越少，感情的不和睦也让父亲对女儿们的关照开始有了疏离的迹象。

书还在读，课还要上，除了日常生活的供应和创造应有的教育条件，陈应荣并未对姑娘们寄予厚望。或许因为廖香词的缘故，陈应荣突然觉得和建功立业相比，拥有一个美好的家庭才是女孩子们最好的出路。于是，他开始将姑娘们人生的出路寄托在上门提亲的公子哥身上。

然而，令他意外的是，正是这群他"看不上眼"的六个女娃，却用她们的智慧演绎了战火里的传奇。其中，排行第二的陈香梅，更是用自己的智慧成为了中国外交史上前所未有的非凡女性。

多年后，进入垂暮之年的父亲虽然也尝试和定居美国的陈香梅重建父女关系，以此弥补那段最应该享受天伦之乐的美好时光，但过去的忧伤依然挥之不去。

和男人相比，陈香梅的独立和顽强似乎多了一丝无奈的味道。倘若没有父亲的冷漠，父母溺爱下的陈家二小姐或许会在这场包办的婚姻里度过一生，并在相夫教子的平凡生活下丧失了与男人争高下的决心和信念，后来那场举世瞩目的倾城之恋和那些震撼人心的事迹也自然无从谈起。

关于爱情，她冲破国籍和年龄的勇气令人钦佩；在事业上，她在种族偏见的缝隙里找到了属于华人自己的位置。战争岁月里，从前线带来消息的她如诺亚方舟里的鸽子一样圣洁美丽；和平年代中，就职于美国白宫的她又用敏捷的思维和无法替代的能力让世界领略到东方智慧的魅力。

如果说世俗里偏颇的观念是仲夏夜难耐的酷热，那么陈香梅便是一株本该在冰天雪地里绽放，却出人意料地盛开在夏天的"梅花"。她的逆势生长，不仅否定了一切的陈规陋习，更为世界提供了敢为天下先的现实范例。

而这，正是陈香梅这株梅花最芬芳、最沁人心脾的魅力所在。

嬉笑集

曾经听过这样一句戏言，说如果人的生长可以颠倒过来，从"老"活到"小"，那么，百分之九十九的人都成为伟人。这句话虽然戏谑，其中蕴含的关于"经验"的重要性却很有道理。

家有一老，如有一宝。人生漫漫，遇到挫折没有关系，只要能在这样的经历中积攒足够多的经验和体会以避免下次重蹈覆辙，这样的失败便是值得的。

曾在招商局工作的祖父因为商场上的失利英年早逝，寡居的祖母操心家中事务无暇分身，教导孩子们人生经验的重任便自然而然地落到了廖家这一边。陈香梅虽然与他们不属于一个姓氏，但她关于人生的思考和对人性、社会的认知却统统来于外祖父廖凤舒、外祖母邱雅琴和母亲廖香词。

出身于广东惠阳，毕业于日本东京帝国大学政治系的廖凤舒一直以来都以出色的外交能力为人称赞，他与弟弟廖仲恺分任南北方政府代表进行和谈的场面更是当时的政治热点。

然而，无论政治立场如何，廖凤舒在变化莫测的政治局势中得以生存的技巧和人生历练还是带给陈香梅姐妹们一笔不菲的人才财富。

作为清朝"遗民"，廖凤舒外交大臣的身份能保持一夫一妻的家庭设置简直难以想象，而他与妻子邱雅琴的结合更是大大突破了当时人们的观念。

和陈香梅裹着小脚、不曾出过远门的祖母相比，邱雅琴显然是另一个世界的人。她穿法国服饰，脚上的高跟鞋"啪嗒啪嗒"地在人群中穿梭。除了英语，陈香梅的外祖母还精通法、日、德、西班牙等多国的语言。

那时在北京，人们都为廖凤舒娶到一位新潮到极致的女郎感到吃惊，廖凤舒也在别人的惊讶中感受到了与众不同的骄傲。放眼四周，能娶到这样一位在旧金山长大的华裔小姐的男人并不多见，而在派驻美国期间便能抱得美人归的"事迹"，更充分体现了这个外交官年轻时过人的应变能力和高超的沟通、交流能力。

自小读书的廖凤舒文学功底十分深厚，《嬉笑集》里的每一句都凝聚了这个饱学之士的文学素养。但和如此深厚的学识相比，他的外交与协调能力更是出类拔萃。

那时的中国，积贫积弱，在列强的眼里完全就是束手就擒的猎物。在中国官员或许可以作威作福，但到了国外，低人一等的国际地位却让外交官的工作步履维艰。除了需要和各国政要保持良好的关系，更需要和当地有名望的华人结成至交，唯有如此，才能利用这些人在当地的人脉关系完成政治上的任务。

在陈香梅的人生历程中，最重要的角色之一便是中央通讯社的第一个女记者。这份职业虽然是和笔墨打交道，但最终考验的却是一个人沟通交流和访谈思考的能力。而这一点，陈香梅正好从外祖父那里完整地继承了过来。

当我们看到陈香梅以娴熟老练的姿态出现在各个声名赫赫的受访者面前时，她的谈吐和思考并不是刻意装出的优雅模样，相反，如此辩证而又不失风度的举止其实是继承于外祖父并流淌在血液里的能力和品质。

除了学习外祖父出色的交际能力，陈香梅还在外祖母邱雅琴的身上学到了超越那个时代的生活理念和人生态度，并从母亲身上学会了相知相惜比什么都重要的爱情真谛。

接受欧美教育的外祖母从来不将自己困入"女子无才便是德"的牢笼里。她不信奉佛教，更不会将自己的幸福寄托于"三寸金莲"。她勤俭持家，却也崇尚个性解放，就连家中的两只哈巴狗，她都如同孩子一样呵护备至。她跳舞，弹琴，与英、法作家通信。总之，邱雅琴的生活里，这些是习以为常的事情，即便现今最时尚的女性的生活与之相比，大概也只能停留在望尘莫及的层次。

或许正是这个原因，陈香梅的母亲廖香词才会在包办婚姻里过得如此痛苦。邱雅琴的西式启蒙，让她懂得了生命应该如何精彩，但最终那纸婚约却让她重新掉入封建社会这摊污秽泥泞却无法挣脱的沼泽里。

人前，廖香词是十分快乐的，是陈应荣大使最贤惠的内人；人后，廖香词却郁郁寡欢，终日以泪洗面。在她看来，这场婚姻就是一场名和利的交易，她不明白父亲的决定，更不明白生于外国的母亲为何不加以制止。许多次，她都想离开这个阴沉的家庭，但走投无路的局面却让她不得不停下脚步。

无法改变现状，廖香词只好把心情都寄托在孩子的身上，孩子们也在母亲的疼爱中逐渐忘记了父亲对自己的忽略。和妹妹们相比，陈香梅和姐姐陈静宜是幸运的，因为在母亲还健康的时候，她们已经从咿呀学语的状态中成长起来，并能和母亲一起度过四五年的美好时光。在父亲前往旧金山当领事却毫无音讯的日子里，两个懂事女儿的陪伴成了这个女人最后的寄托。

医疗条件仍然十分低下的民国时代，关于"子宫癌"这种疾病，人们了解的并不多。廖香词患病住院的时候，连医院里的大夫都对此莫衷一是，不知如何处理。

很难想象一个 13 岁的小女孩是如何在没有父亲陪同的情况下和医生讨论母亲的病情的，医生脱口而出询问她父亲的去向时，陈香梅只能拉出战时政府法规不允许驻外使臣随意回国的官方言论做答，关于真相却缄口不言。

没有特殊的疗效，丈夫又迟迟不归，廖香词在遭受病痛折磨的同时，对自己的婚姻和爱情更是绝望透顶。她渴望像自己的母亲邱雅琴一样能在自由和快乐的氛围里生活，但这场自私的婚姻却夺取了她本应该拥有的快乐。

如今，一切都难以挽回，回忆过去只能徒增烦恼，不如好好教育床榻边的女儿，避免她们重蹈覆辙。在母亲的教导里，陈香梅懂得了女性生于世间同样可以获得出色的人生，也知道了如何用宽厚的心肠善待周围的人和事。

有一次，年幼的陈香梅因为表哥的穷酸而发牢骚，一旁静养的母亲听到陈香梅如此抱怨自己的表哥，便教导她淑女应该"居心仁厚"，要以客观、公正的眼光看待身边的每一个人，尽管某些人的成就不如别人，但这些人能真正把握好人生，是生活的胜者。

那时，陈香梅还是个少不更事的孩子，对母亲说的道理还未能完全领会，但就像春天播下的种子一般，虽然没能立刻看到嫩芽，但种子却在泥土里萌芽。

生命快到尽头的廖香词希望自己的女儿能快点儿长大，代替她看护好这个家，看护好年幼的妹妹们。陈香梅与姐姐在忍受母亲即将离开的悲痛的同时，用难以想象的刚强要求自己站立起来。

母亲在香港治病的时候，陈香梅和姐妹们与大后方失去了联络，父亲的失踪早已成为习惯，联系不上外祖父让她们真心感到着急。所有与内地的联系统统被战争隔断，陈香梅和姐姐弱小的肩膀担负起家庭的重任。

那是一种悲伤，更是一种成长，它让陈香梅知道生命的脆弱，更让她明白短暂生命里拥有幸福的重要性。

后来，很多人都对陈纳德和陈香梅的"老少恋"提出质疑，但无论何种声音都不能阻挡这个妙龄少女追求爱情的脚步。有时候，深入到事情的背后寻找原因才能体察我们无法了解的事情，陈香梅能如此执着其实正是她认识到生命可贵的表现。

战火可以将人无情地分开，家国在政治利益的轰炸中支离破碎，分崩离析；瘟疫蔓延的时候，城市成了祭场，饥荒爆发的时候，与死亡也只有一线之隔。

生活如此困苦，生命却仍在继续。突如其来的袭击让人惶惶不可终日，若再将心思放在世俗的言论上，那所剩无几的幸福便只能离你远去。

陈香梅不会像母亲一样向命运低头，更不会因为外人的评价和嘲讽放弃属于自己的幸福，她清楚地知道自己要什么，更懂得如何守护这份幸福。她的果敢在女子中屈指可数，即便是同个时代的优秀女子也难以企及。

童年带给陈香梅的，有难以抹去的伤痛，但伤痛愈合的时候，这个坚强的女孩儿却完成了自己的涅槃。

一杯咖啡，一束阳光，风雨过后的陈香梅在重新翻开《嬉笑集》的诗歌时，内心在追忆往事的同时，更多了一份对年少时代的感慨。祖辈留下的文字里，那些曾经贯穿于人生历程的感悟和体验并没有多少描述，但留给陈香梅的启发却是一生的。

当她重新审视自己的一生，那些记忆中的故事竟无一例外地都能找到少年时长辈的教导。没有死记硬背，没有照本宣科，陈香梅融会贯通地将他们的话贯穿到生命中，以此焕发出最绚烂的生命状态。

最不听话的孩子

和循规蹈矩相比，"叛逆"一词并不怎么讨好。很多时候，人们讨厌那些跳出常规、不怎么听话的孩子，因为超越寻常认知领域的行为可能带来不可预测的结果。然而，就在人们普遍否定叛逆行为的时候，一些适度的突破给孩子们的成长所带来的作用却是非同凡响的。而陈香梅，这个六姐妹中最不听话的孩子也正是在这样的特立独行中，获得了平常人所没有的智慧和能力。

作为名望家族的后代，陈香梅的教育自然不成问题，无论是私塾先生的讲课还是后来教会学校里修女们的教导，战乱年代里，陈香梅受到的教育水平绝对处在民国社会的前沿。

传统的教育里，孔孟之道和孝悌之义自然是不可或缺的重要部分，这些道理在传承中国传统文化的基础上也为咿呀学语的孩子完成了思想上的铺垫。每天，陈香梅和姐妹们在课堂上聆听老师们的教诲，下课后又通过温习，将老师们讲述的内容内化为自己的知识。这种思想上学习和成长的模式是最常见的，它既能保证孩子们学到应该学的东西，又能防止他们误入歧途。但是，这样程式化的教育内容是否就足够了呢？答案显然是否定的。

随着年龄的增长，陈香梅越来越发现，自己在课堂上学习的东西无法满足内心对外界环境和社会认知的渴望，她希望老师多讲些内容扩展自己的知识面，但已然规定好的课本和诗句自然很难有扩展的空间。于是，潜入书房，"偷看"大人们的书成了陈香梅的选择。而她看的第一本属于大人领域的书籍，便是放在书房最高处的长篇小说《红楼梦》。作为四大名著中成熟最晚的一本，如今的社会里《红楼梦》早已摆脱了禁书的名头，但是，在陈香梅童年时代的中国，这本书却依然属于孩子们不能涉猎的范围。

《红楼梦》里，黛玉和宝玉在树下阅读《西厢记》的经历开启了两个年轻心灵关于爱情的定义，现实中，陈香梅对《红楼梦》的阅读却让她早早地懂得了人性的阴暗和人生的艰辛。四大家族物欲横流的生活和升斗小民食不果腹的生活让陈香梅知道了阶级分化的巨大差异；官场陋习对于青春的扼杀让她懂得了封建礼教的残酷；妙龄少女在魔掌下的凋零，更让陈香梅知道了男权专制的恐怖与血腥。在回忆录里，陈香梅曾经将自己稍带阴郁的性格解释为过早阅读《红楼梦》的缘故。诚然，将沉甸甸的现实社会投射到一个孩子稚嫩的心灵里确实容易留下阴影，但这种印象带来的同时还有陈香梅对世界的客观视角。

在陈香梅后来的采访里，很多新闻观点都透着理智的光辉，虽然她成为记者时的年龄并不算大，但她脑子里对世界的看法却比同一年龄段的男性记者成熟了许多。因为早早就知道这个世界有弱肉强食的规则，所以陈香梅对侵略战争没有幻想；因为知道世界上有谎言的存在，陈香梅才不会被各色各样外强中干的誓言所哄骗，并最终选择了经受历史风霜考验的陈纳德作为终身伴侣。

我们经常会羡慕思想和行为上理智客观的人，因为他们的修养和内涵似乎总能在知性的范围里给出完美的范例，而这种令人羡慕的涵养，除了与家教、遗传有关，更重要的便是来自阅读的培养。

躲在书房里看书的日子是陈香梅一生难忘的。在那里，她可以全身心地徜徉在文字的海洋里，也可以任由思绪朝知性的方向飞扬。在继承了外祖母与母亲自由张扬的性格后，陈香梅在阅读中逐渐形成了自己独特的性格，并最终成就了那个时代女性望尘莫及的辉煌。

她是东方的女子，却对西方文化和宗教内涵拥有深刻的理解和领悟；她是年轻的记者，却选择了年长的美国将军作为自己人生的伴侣；她是祖籍中国的华裔居民，却在美国参政，并成为白宫委以重任的亚洲问题专家。

书本上，先人们提出的学而时习之成为陈香梅日常观察和学习的座右铭，她把整个社会和正在发生的历史当作最新的课程学习，以此让自己的思维始终保持独立的个性和与时俱进的水平。

多年后，当陈香梅率领访问团从大洋彼岸的美国来中国进行友好访问的时候，中美两国在教育上的差异给了她极大的感触。

在美国，幼小的儿童都能在老师的引导下大声地说出自己的想法和观点，这种培养孩子独立思考能力的做法让陈香梅感到新鲜和震撼。在她看来，这种有益引导孩子们创造精神的方式，对国家未来的科学技术的发展具有十分重要的作用。然而，这种教育方式却并没能在中国引起共鸣。

陈香梅在北京的访问行程非常紧凑，但无论多么忙碌，她还是留出时间到各类学校考察。当陈香梅一行到北京一家机关幼儿园参观的时候，她看到的是另外一种完全不同的教育方式。如果说，美国的幼儿教育属于"个性化"的范畴，那么中国所采用的教育方式则大多停留在"同质化"的程度上，也就是说：在幼儿园老师的眼里，所有的学生都要朝着品学兼优的方向发展，一旦有人做出统一框架以外的事情，或是说出统一模式之外的话，那么这就意味着"叛逆"，就需要在老师的教育下"改邪归正"，否则他们就将误入歧途，并不为社会所接纳。

客观来讲，类似机关幼儿园这种规定了走向的培养方式，某些时候的确有助于孩子们成为服从大局、融合性较强的社会成员，但它却不可避免地抑制了孩子们天马行空的想象和对事物独有的见识与理解。这就像是树木的成长一般，若人为地让树木朝着笔直的方向成长，那么成片树林的整齐划一将十分的壮观，但这样的森林却缺少了自由生长的生命活力，而那种在大自然的鬼斧神工中造就出的天然瑰丽，便会被人为的痕迹彻底覆盖。

或许，这正是人们对形状奇特的树木充满赞叹的缘故，而类似的，那种带有个人鲜明个性的观点和理念也成了芸芸众生中脱颖而出的瑰宝。

敢于提出这些观点的先行者，必然拥有特立独行的思考能力和勇于探索的科研精神，倘若他们当中某一个被冗长繁复的规则牢牢困住，那么这些令世界发生巨大改变的发现和发明就将永远被尘封，失去了公之于众的机会，而整个世界也不会在先行者的推动下完成史无前例的巨大飞跃。

从这个层面上讲，适度放开限制，给"不听话"的孩子一些发展空间是有必要的。也许他们成不了世人通常定义的伟人，但至少他们奇特到不可思议的观点能为我们了解世界提供另一条路径。就像陈香梅当年偷偷躲在书房里看《红楼梦》一样，虽然如此行径在私塾先生的眼里是离经叛道的做法，但它却为陈香梅打开了另一扇观察世界的窗户。

几千年前，大禹治水时就给我们留下了"水宜疏，不宜堵"的道理，如今这项信条用在下一代的思想引导上又何尝不是一个道理呢。盲目的、一刀切式的阻拦只会让鲜活的思维面目全非，甚至枯竭而亡。若所有的一切都是程式化的配置，那么这个世界失去的不单单是少数异样的声音，更是多样化发展的可能性。

曾经，魏晋的竹林七贤被视为"非主流"的文人派系，他们的放荡不羁使其成为统治者眼中不合时宜的角色。官场上的没落是注定的，但他们敢于表达自己思想，不趋炎附势的风格与精神却流传至今。

无视家国法度的过分张扬不值得提倡，凌驾于人权之上的过分狂妄也不值得支持，但一边倒的声音里偶尔一两句因独特思考而凝结的话语却应该有表达的空间。只要把握好度，孩子们就一定能在独立思考中找到属于自己的创新点，那些与众不同的看法和态度不应成为令人担忧的噪音，而应该成为准确反映客观事物两面性的必要辅助。

而这，正是陈香梅这个不听话的孩子在总结了自己毕生经验提出来的最独到、也最重要的教育见解之一。

六朵金花

　　每个女孩子都会有自己的闺蜜，陈香梅自然也不例外。在学校，开朗的陈香梅交到了不少好朋友，而在家中，陈香梅可以谈心交流的自然是可爱的姐妹们。

　　童年时光里，陈香梅最喜欢的就是和姐妹们一起在院中玩耍。阳光透过薄薄的树冠照射下来，明亮却并不炎热，父亲和母亲以及其他长辈们在屋里忙着重要的事情，与世无争的姑娘们自然找到了最好的嬉闹时间。有时，陈香梅会恶作剧地抢走姐姐的书本，然后一边跑着一边大声地诵读出静宜在上面记录的词句。恼羞成怒的姐姐自然不肯善罢甘休，只得在后头拼命地追着陈香梅。见两个姐姐如此有趣，妹妹们自然看热闹似的哄堂大笑，陈家宅院里沉重严谨的氛围也因此轻松了许多。

　　尽管前两个孩子都是女儿的事实让陈应荣有些失望，但陈香梅却没有因此失去了可以谈心的人。当陈香梅家最后一朵金花诞生的时候，陈应荣对又一个女孩子的到来表示了强烈的伤感。他满脸不高兴地向陈香梅姐妹叹气，对家中又添了一个妹妹的现实表示不满。

　　而陈香梅却并不这样认为。

在她的记忆里，姐姐陈静宜（原名陈香菊）是幸运的，因为作为家中第一个出生的孩子，家长们，尤其是父亲对她的性别并没有太大的苛责。在那个膝下孩童成群的年代里，头一胎生个女儿并不算太坏的事情，毕竟只要父母还年轻，再生一个男孩儿完全不成问题。然而，随着大姐的成长，家中关于生育男丁的期盼越来越遭受到现实的打击，陈应荣也因此对连续到来的女孩儿们表示出了明显的厌恶。而首当其冲的，自然是被寄予男丁希望最隆重的第二胎出生的女孩——陈香梅。

对于这个遭遇，陈香梅一直想不明白为什么。刚开始，她以为父亲只是在自己出生的那一刻感到绝望，不想这样的厌恶竟然填满了她懵懂无知的青春岁月。虽然不能如父亲希望的那样以男儿身立足于世，但陈香梅还是希望父亲能给自己一点温暖。但是，现实就是那么残酷。

有一次，尚且瘦弱的陈香梅因为一场突如其来的疾病卧床不起。正当母亲为陈香梅四处奔波寻找大夫的时候，陈应荣却做出了一个令所有人都感到吃惊的决定。他告诉廖香词自己打算将体弱多病的陈香梅转送他人，免去今后麻烦。廖香词虽然知道丈夫对女儿们不是特别上心，但却怎么也没想到他最后会想出这么一个"一劳永逸"的法子。

她指责陈应荣对女儿不负责任，陈应荣觉得妻子抱着这么一个"赔钱"的女儿不放实在不明智，自觉理所当然之余自然也高声喊了起来。一场争吵不可避免，原本默然的陈香梅也因为无意中听到了争吵中的对话而对父亲失去了信心。

对陈香梅来说，生命是无法选择的，性别同样如此。这种天生注定的属性本身就具有不可抗争的味道。在子嗣传承的问题上，父亲确实有自己的压力和难处，但因此就轻而易举地抛弃了自己的孩子，这种做法却实在让人心寒。

一直以来，陈香梅是祖父最疼爱的孙女，因此她自然也继承了廖凤舒讲道理的习惯。所以，面对父亲的所作所为，陈香梅并没有屈服，相反，她坚定地站在自己的立场上，靠努力和拼搏将"生女儿无用"的论断彻底击破。在昆明，她是首屈一指的战地记者；在上海，她的风头甚至盖过了当地的富豪子弟；在美国，她是最亮眼的华人明星；在世界，她是令人瞩目的和平大使。

多年后，陈香梅的成就与作为让父亲感到惭愧，他虽然一直担任驻外使臣，见惯了各国政要和名流巨子，但陈香梅身为女人取得的成就仍然让他震惊。

高尔基说，每个人都必须了解自己的情感，要么加以培养，要么加以抑制。这样分属两端的情感处理方式恰恰涵盖了陈香梅和父亲长达数十年的感情变迁。曾经，那个咿呀学语的孩童深爱父亲，得到的却是世间少有的冷漠，在极度失望后，陈香梅的感情顺着崩裂的缺口流向别处。

在回忆录里，陈香梅对自己童年时厌烦姐姐管教的事情并没有忌讳。彼时，倔强的她在羡慕姐姐的同时经常与之争吵，看上去着实没有姐妹情深的意味可言。但当她们离开了父母的庇护，原本隐藏在她们内心深处的手足情深却在不经意间成了支撑她们前进的最本原的动力。

二战时，以中国为主的东方战场硝烟弥漫，民不聊生。但日本侵略者的铁骑毫不留情地踏上华北的土地。陈香梅的外祖父连忙派遣人手将廖香词和六个外孙女送到当时还算太平的香港避难。虽然廖凤舒也知道一个女人带着几个小姑娘在人生地不熟的香港生活十分艰难，但那里至少没有战争，且医疗环境和教学氛围也比北京要强，所以即便有些不舍，他还是义无反顾地将她们送上了行船。

然而，珍珠港事件的爆发却改变了这一切。

为了挽回在珍珠港事件中的损失，日本侵略者以最激烈的方式袭击了包括英美在内的西方国家的殖民地。香港作为英国在亚洲最重要的据点之一，自然不可避免地成为第一批攻击的对象。仅仅数日，香港在日军的强势攻击和英军的不抵抗政策下沦陷了。

此时，在医院工作的陈静宜并没有和五个妹妹待在一起，通信全面瘫痪的那几天，六朵金花之间的牵挂如泛滥的洪水，无可抑制。每天，陈静宜在医院看到的都是血淋淋的场面，她认为教会学校应该会比普通街市安全些，但面对迅速攀升的遇难人数，身为大姐的她却终究不能安下心来。彼时，躲在教堂里避难的陈香梅和妹妹们又何尝不是一样的心境。日本人攻陷各处的消息陆陆续续地传来，陈香梅虽然知道姐姐在医院里避难，但她的杳无音讯还是让她们寝食难安。

为了获得姐姐的消息，陈香梅带着妹妹们利用教会学校的队伍到城里筹集食物的机会四处打探，但满世界的混乱，让寻找艰难万分。好在，通信封闭的时间不算太长，陈静宜给妹妹们寄出的信件终于在香港沦陷多日后如福音一般落到了陈香梅姐妹的手中。

作为情感的宿主，陈静宜对陈香梅的意义远在父亲之上，所以，她对陈香梅情感的牵动自然也强烈许多。收到信件的那一刻，陈香梅长久悬着的心终于落下，那份喜悦远胜过收到父亲从遥远的美国寄来的生活费的感觉。每天，陈香梅和姐妹们都在战乱的轰鸣声中醒来，闹哄哄的城市里，唯有亲人的抚慰才能平复恐惧。到后来，她们一同踏上了前往大后方的逃亡之旅，这份感情更因为生活的艰难和生命的考验而与日俱增。

对于亲情，睿智的陈香梅可能没有办法给出最准确的描述，但那些真真切切的体验却足以证明她内心深处对这种情感的依赖和重视。虽然，因为职业的缘故陈香梅没能和其他姐妹一同前往美国，但浩瀚无际的太平洋却并没有阻碍她们之间的感情。

多年后，陈香梅机缘巧合地在宋庆龄和宋美龄之间充当了一次信使。虽然信件中宋庆龄表达了想与妹妹见面的愿望，但这对中国历史上最绚烂辉煌的姐妹最终还是没能在有生之年重归于好。历史造成的遗憾，没有谁对谁错，但看着手足情深的姐妹带着遗憾离开人世，陈香梅还是不由得落下了泪水。

人生在世，难免有与自己意见不合的人存在，这个人除了是普通朋友，还有可能是自己至亲的人。也许，彼此的不理解会加重相互间的隔阂，但血浓于水的情感终究无法磨灭。在矛盾遭遇生离死别的考验时，那些曾经的气愤和决绝似乎都成了过眼云烟，骨肉亲情依旧是难以割舍的。

而这，正是陈香梅多年后打开心结，同年逾八十的父亲重归于好的重要原因。

南亚初印象

对于课堂上孜孜不倦阅读的学生来说，书本里刻画的外面的世界和那些过往的历史是最好的学习养分，因为它们可以让你足不出户便知天下大事。但是，"纸上得来终觉浅"的感受还是让学子们发出了"行万里路，读万卷书"的感慨。

闭关锁国的政策打破后，有志之士开始前往国外寻找更多的出路，学习更多的知识，但积贫积弱的国家背景下，能出国游历的人少之又少，而这其中，女性的身影就更难寻觅。好在陈香梅就是这其中的一员，尽管她出国时的年纪尚浅，但异国的见识也为她今后的从容和淡定，奠定了知识和眼界的储备。

行驶在岁月轨道上的列车，在漫长旅途中，会经历数不清的站点。对尚未入学的孩子们来说，陈应荣任职中国驻东南亚的大使也是旅程中的站点。因此陈香梅对东南亚的全部印象也是在父亲前往缅甸仰光任职的时候开始的。

那是1930年前后，亚洲在西方列强的侵略下，成了殖民者肆意扩展的领地。除了中国、日本和泰国，包括印度、马来西亚、越南、缅甸、菲律宾在内的其他国家都分属西方列强。白人至上的法则里，黄种人成了理所当然的下人和奴隶。歧视与压迫下，他们没有领土主权，更没有人权可言。人性的黑暗在殖民主义的脚步里找到了合情合理的宣泄口径，在利益的驱使下，西方列强将当地民众的财产和生命看成草芥。手无寸铁的本地居民却在无端遭受外来袭击的同时，不得不忍受侵略者最惨无人道的折磨和压迫。

在外交官的眼里，这些地方是中国邦交领域的门户，更是西方列强狼子野心的体现。但是，对于懵懵懂懂、仍然在童话世界里横冲直撞的小陈香梅来说，这些地方却是水果和动物的王国。

在缅甸，陈香梅一家居住的领事馆的院子里，茂密林立的果树是陈香梅最喜欢的景色。每天，园丁把木瓜和芒果采摘下来送到厨房的时候，陈香梅总是喜欢拦在半路，让园丁为自己挑几个又大又甜的果子解馋。园丁看着陈香梅可爱之至的模样，心一软便给了她几个果子尝鲜。同来的带陈香梅的广东老妈子并不同意陈香梅饭前吃太多的水果，但只要陈香梅卖个乖，这个白发苍苍的老奶奶便在眉开眼笑中不予追究了。

如果说语言的才能是天生的，那么陈香梅绝对是一顶一的"语言高手"，因为国语都讲不全的她只是和司机、门房学了几个月，就能用流畅的缅语与之交谈。

彼时，中国的境遇并不算太良好，但因为"两国交战不斩来使"的习惯，身为外交官的陈应荣在国外还是能受到当地政府或是殖民者的礼遇，带着妻儿到附近玩耍也自然没有太多的禁忌。

在马来西亚的时候，陈香梅跟着父母前往当地的橡树园参观，成片的橡胶树给陈香梅留下了深刻的印象。在陈香梅的印象里，这个气候温暖、果实充沛的国度似乎天生就有一种随遇而安的天性，虽然和印度一样是英国统治下的"顺民"，但他们却天性乐观，十分随和。趁着果园主人的敞篷车游览果园的时候，陈香梅头顶上的草帽被从树上跑下来的猴子摘了去，一阵惊吓在所难免，但猴子聪明伶俐的模样和挤眉弄眼的可爱却让这个天性活泼的姑娘一下忘记了方才的恐惧，一双水汪汪的大眼睛前一秒还热泪盈眶，转瞬就因为猴子的可爱而弯成一道美丽的新月。

除了马来西亚，令陈香梅印象深刻的另外一个国家是南亚大国印度。虽然，这里和中国一样是具有悠久历史的文明古国，流淌在民族血液里的几百种语言和各种宗教曾让这个国度站到了人类文明的高峰。然而，和中国相比，这个寺庙林立、宗教信仰浓厚的国家却被时代无情地抛弃，最终剩下满目的疮痍和无尽的贫困。

金碧辉煌的寺庙并不能将人们关于生活的愿望照亮，珠镶玉砌的外墙看上去坚固而华贵，容下的只是拥着黄金敬鬼神的夫人，容不下的是大街小巷拥挤不堪的乞讨者。唐代杜甫一句"朱门酒肉臭，路有冻死骨"写尽了国家衰败的悲凉与沧桑，此时的印度，那些日以继夜狂欢和一掷千金的富人们与清早遍布大街小巷的饿殍残躯却真真切切地成为了这句诗歌的场面印证。

在仰光住了几个月，到越南有公干的陈应荣带着妻女前往越南河内。作为法国的殖民地，越南在秉承自身特色的基础上，一切都散发着富有浪漫主义的法国情调。

一直以来，英吉利海峡东端的法国人都以懂得享受著称，所以，在殖民者居住的地方，花园和庭院比比皆是。

在母亲廖香词的好友们的带领下，陈香梅一家在河内和西贡感受到了秀丽的美景和风土人情。婚后一直郁郁寡欢的母亲，在这一次行程中，异常的开心，还时不时用她标准的法语与当地的人们交谈。

母亲的愉悦给家里带来了难得的和睦，陈香梅也因此对越南有了别样的情感。多年后，她与丈夫陈纳德将军重新到越南旅行的时候，当年母亲的一颦一笑，仍旧让过早失去母亲的陈香梅泛起久违的、对母亲最深切也最真挚的怀念。

在越南的事情办完，陈香梅随着父母又一次回到了缅甸，那段短暂的旅程虽然快乐异常，但父母之间的情感却没有因为此次华丽的旅行而改变。回到缅甸，陈香梅又回到了波澜不惊的生活里，母亲依旧在自己的房间里整理家务，父亲则长久地坐在会客厅与当地的官员及华侨谈论一些属于他们自己的话题。

作为与中国毗邻的国家，缅甸的华侨自然不少。对他们来说，陈应荣虽然是任务在身的外交官，但那种来自祖国的亲切感却让他更像从中国派来的信使。很多人都把他看成自己的亲人，相约喝茶聊天的时候，一起就祖国的处境和当前国际形式，进行深刻的探讨、交流。"独在异乡为异客，每逢佳节倍思亲。"那种远离故土的思念如同潜伏的蚁虫，每到深夜便会出没在华侨的心间，用蚀骨的疼痛将对祖国的爱刻进骨骼里。多年后，独自在美国的陈香梅也体验到这种煎熬。

如今的中国，国力强盛，物阜民丰，远在海外的游子因为祖国的强大而有了话语权。当我们以一个强大国家作为后盾的时候，行走到世界的每个角落都有一种油然而生的自豪感和安全感。然而，在八十年前，外忧内患的中国却并不是一个能让人产生如此情绪的强大后盾。那时的华侨，大部分是逃难出去的劳工，即便经过自己的努力在当地赢得了财富和威望，他们还是被当地人看成"异族"。排斥、清理、迫害，甚至是谋杀，这些无法想象的黑暗手段竟然成为本土居民驱赶中国侨民的重要手段。我们不知道这些流亡在外的人们是如何在夹缝中寻找到自己的位置并坚强地生活下来的，但他们关于祖国的那颗赤诚之心却从来不会因为生活的窘迫和生命的垂危而丧失。

老一辈的华侨更是如此，他们对国家的依赖和关切比国内的普通民众都要强烈。尽管身上钱财也都是省吃俭用积攒下来的辛苦钱，但是，只要祖国有难，他们便倾囊而出，哪怕只是微薄的资金或物品，他们也希望通过陈应荣将属于自己的那份力量带回国。内忧外患的国民政府不能给他们更多的保障和依靠，但陈应荣却看到了侨胞们的赤子之心。

到后来，经济状况极度恶化的政府连外交官的生活费都付不起。陈应荣左等右等，却始终没等来外交部汇款发

薪的举动。看到本国的大使如此落魄，华侨们自然不会袖
手旁观，经济状况良好的商人们打算解囊相助，但陈应荣
却觉得接受这样的援助实在有失国家体面，便将他们的好
心领下后婉转地拒绝了钱财上的援助。

不到一年，陈应荣就因为国民政府"经费不足"而收
拾行囊回国，而他人生的第一段外交生涯也在这样的荒唐
中画上了句号。

回国后，陈香梅重新坐在北平东华门大街孔德小学的
课堂上。虽然当时的陈香梅没能像今天的孩子一样用摄像
机或者照片记录下东南亚的点点滴滴，关于这段旅程的描
述也只能凭借仅有的记忆完成，但无论如何，这样的经历
都为她以后的人生奠定了基础。

和长期不出门的闺房小姐相比，陈香梅的见识更加宽
广，面对新鲜事物也更加从容和淡定。她有好奇心，却不
会因为眼前的事物超出自己的经历范围而一惊一乍；她有
追求，却不会因为人们对国外的盲目崇拜而亦步亦趋。这
是一种难得的成熟，更是一种风度，它让陈香梅在具有锐
利的眼光的同时，更具有巾帼不让须眉的宏伟气魄。

而这，正是陈香梅能在风云变幻的世界政坛获得成就
的重要基础。

第二章

书卷多情似故人

风流倜傥亦吾师

　　每个求学之人的心目中，都会有一两个终生难忘的恩师，陈香梅自然也不例外。对她来说，这个教会她知识，并激发她创作欲望的老师正是她在北京孔德小学学习时的语文老师陈洁吾。

　　在陈洁吾担任陈香梅所在班级的班主任之前，学生们大多都只在课本上下功夫，很少有时间到阅览室里做扩展阅读。后来，陈老师负责陈香梅班里的国文课后，每周都会安排一课时的时间让同学们阅读书籍并写下读后感或者读书笔记，而孩子们也因了这个缘故增加了在阅览室读书的时间。

当时，孔德小学总共有三个作业室，那里除了留给孩子们写作业之外，还有各种各样适合初小、高小和中学等各个年级的同学阅读的读物。而陈香梅因为自己对文学和书籍极为喜爱的缘故，便自然而然地将这里看成是学校最幸福的地方。

只要有闲暇时间，陈香梅就一定端坐在作业室里翻看一本又一本的书籍。沉浸在书本里的时光总是短暂的，陈香梅全身心地投入到文字描述的世界里，全然忘了早已过了放学的时间。等到夕阳斜斜地从窗户射进来照在陈香梅翻书的手指上时，她才蓦然发现，自己竟然在作业室里坐了整整几个小时。

在家的时候，陈香梅也会躲在父亲的藏书室里长时间地阅读文章，但因为是在自己家中，父亲也没有太在意陈香梅的日常生活。因此除了廖凤舒，家中并没有很多人知道陈香梅喜爱阅读的癖好。而当她将这个习惯带到学校，并常常延迟离校时间的时候，细心的陈洁吾老师发现了这个秘密。

在那个年代，孩子们读书多半是为了不做"睁眼瞎"，不吃哑巴亏，因此大多数人都只按照老师的要求，认齐了书本上的文字后，便不再做拓展阅读。这一点虽然有懒散或是不用功的嫌疑，但却很容易理解，毕竟那个时代靠文字过生活的人还不算多，作家、记者等工作并不是主流，普通人多谋取的差事都是账房先生，或是职员、工人一类的活计。于是，在这种背景下，像陈香梅这样对书籍如饥似渴的孩子就变得凤毛麟角、难能可贵了。

作为国文老师，陈洁吾的语文水平自然不低，而他的愿望更是希望能培养出一两个在国学上有造诣的学生。时代的现实背景让他实现愿望的过程变得艰难起来，但陈香梅的出现却扫尽了他内心的阴霾。

看着在文学领域如饥似渴的姑娘，陈洁吾敏锐地感觉到陈香梅的天赋，并打算为她创造良好的学习环境。彼时，陈香梅已将学校里的书籍一一读完，教学课本也早已没了阅读的兴致。于是，陈洁吾做出了一个看似突然又十分合理的决定，那便是：带着陈香梅到旧书市场淘书。这个通常只有"书痴"才拥有的习惯虽然听起来有些匪夷所思，但却意外地受到了陈香梅的喜爱。

就这样，每天下午下课后，陈香梅就跟着自己的班主任到东安市场淘书。长长的街道上，一个修长而清瘦的男子带着一个小巧的学生模样的姑娘挨个摊点地找寻书籍，有时他们会仔细端详其中的一两本旧书，有时他们会随手翻翻然后放下。这种看起来如同逛街一样的行为，看似随意，其中蕴含的却是对知识充满渴望的心。

淘到的书本虽然表面粗糙，但里面撰写的道理和故事却永远都不会过时，因为那是人类经验总结后的精华，也是先人深度思考后的精华。并不是每个人都天生聪颖，也不是每个人都能有洞察世事的能力，但通过阅读书本上前人留下的经验总结却能迅速地认清社会的本源，并成为站在巨人肩膀上的先知者。

熟悉陈香梅的人都会被她未雨绸缪或是高超的预见能力所征服，这个看起来总是走在时代前列的女人，其思维方式和思考问题的能力一直为人们津津乐道。人们在对她发出赞叹的时候，却忘了，这个女人非凡的判断能力是和她独特的经历密不可分的，但更多的是来自于她对书籍的阅读。

老师的厚爱让陈香梅获得了更多阅读书籍的机会，在那段淘书的日子里，她读了太多书，视野和眼界也开阔了许多。陈香梅对这个老师充满了感激，因为是他将瑰丽的中国文学介绍给了自己，也是他帮助自己完成了文学领域的完整的启蒙。

在北平居住的日子里，陈香梅总能找到一种亲切的感觉，除了北平是她的第一故乡之外，更因为北平的东安市场。在一个因为战争而兵荒马乱的年代里，能在城市的一角找到书香四溢的地方作为思想和灵魂的归宿确实是一件难得的幸事。陈香梅虽然没有父亲的百般宠爱，但幸好她还有书，还有古人做自己的思想伴侣，还有大量的故事和诗篇作为她最要好的小伙伴。

那段美好的时光里，陈香梅常常抱着心爱的书本睡，有时，书里的故事已经熟悉到可以直接背诵的程度，可她还是不愿意将它们丢弃，因为她总觉得书本是常读常新的东西，只要肯阅读，就一定能找到新的收获。

当战争的火焰蔓延到北平的时候，陈香梅平静的生活也在所难免地遭受到了打击。为了谋求生路，人们开始四散逃离古都，陈香梅也因为家中的安排，打算跟着姐妹们一起到香港就读教会学校。

面对陈香梅的离开，陈洁吾老师难掩心中的不舍。为了鼓励她积极向前看，也为了保持陈香梅在文学上的追求，陈洁吾老师在她快离开北平时候特地送了一本《唐诗三百首》作为礼物。虽然每天背诵着书中的诗歌，但时间不等人，还未全部背诵下来给陈洁吾老师做汇报，陈香梅离开北平的日子就到来了。

长路漫漫，前途渺渺。踏上行程的陈香梅从此再也没有回来。直到中美建交后，她才作为访问者重新踏上这片热土。其他时间关于北平的任何的消息，陈香梅都是通过周围的熟人得知，即便她和陈洁吾老师的信件交流也因为战争的缘故而没能坚持到最后。

匆忙而仓促的逃亡路上，陈香梅遗落了陈洁吾写给自己的信件，虽然再也无法找回，但陈老师在邮件中说的那些话，她还是一字不落地记在了脑海中。

"你终于走了，和父母姐妹离开了你生长的古都北平到人地两疏的香港，我有点会舍不得，因为你不仅是我的好学生，更是我的小朋友。"

简单的几句话，陈香梅和陈洁吾老师之间的文学好友关系被表达得淋漓尽致。知音没有年岁的限制，陈香梅和陈洁吾老师虽然相差许多岁，但他们共同拥有的传承文学的梦想却没有因为年龄而不同。

关于陈洁吾老师后来的过往，文献和书本基本没有提及，但可以肯定的是，这样一个有文学责任感的老师定然一直奋斗在文学传承的道路上，因为正是在他的教导下，陈香梅才能身体力行地为文字和书籍而奔波。而这，本身正是师生之间最成功、也最感人的承接。

香港的日子

"烽火连三月，家书抵万金。"杜甫诗句里家与国之间的情感触动为后人所感慨。炮火让人们在国家的满目疮痍里惊慌失措，家书却能让流亡者的心得以慰藉，哪怕只是薄如蝉翼的几张纸，也能拥有重千金的分量。

作为互补，家国之间的情感转换，能让人抚慰心中的伤痛。国难时，家人的存在意味着反抗的希望；家没有了，国家的存在意味着生活还可以继续。然而，对于陈香梅来说，那段在香港的战火岁月却并没能找到治愈恐惧和伤痛的办法，因为母亲的离世和父亲的杳无音讯，让原本应该用于疗伤的亲情一下没了踪影。

廖香词去世的时候，香港还未被日军占领，陈香梅和姐姐将母亲的遗体安放在跑马地天主教坟场，然后和妹妹们开始了香港的寄居生活。

用她自己的话讲，那段时间里，她们的生活可谓"出无车，吃无肉，居无屋"，父亲每月寄来的生活费虽然足够维持日常用度，但母亲离世时候的费用，让姐妹们的荷包囊中羞涩起来。

当年，很多学生都是在流亡中学习的。北平陷入战争后，陈香梅就从就读的孔德小学转到香港，就读圣保禄女中和真光中学。兵荒马乱里，陈香梅虽然觉得生活不如以前优越，但知足常乐的心态却让她感到幸运。因为，和沦陷区日本人统治下的苦难同胞相比，姐妹几个能躲开侵略者的残酷虐杀和百般蹂躏已然是不幸中的大幸了。

然而，就算这个女孩儿用最豁达的心态去鼓励自己在战火中生存下去，战争的残酷还是不可避免地来到了她的身边。

珍珠港事变之后，这个原本属于英国的殖民地，也开始遭受到了日本侵略军猛烈的攻击。虽然英国军队也做出了抵抗，但这样的作战仅仅持续了不到两周便以英军的全军覆没宣告结束。

那时，陈香梅和妹妹们在铜锣湾的圣保禄女中里居住，当寄读生，早上，当她们梳洗完打算前往教室上课的时候，沉重的炮击声打破了宁静。

高射炮和机关枪的声音开始交替传来，楼房在爆炸的震动里颤颤巍巍地晃动起来。恐惧在女孩子的心里蔓延，喊叫声成了最直接的宣泄方式。

人潮从楼梯倾泻而下，陈香梅慌忙拉着自己的妹妹顺着大部队的方向跑到了防空洞。通过楼梯平台时，九龙的浓烟清晰可见，女孩们被眼前从未见过的景象吓住，停留在原地半刻后，又更加着急地拥挤着往防空洞飞跑。

校内的广播还在大声的警告，不是防空演习的提醒更加重了众人的恐惧。修女们为了防止踩踏，冒着炮火在空地上指挥学生们前往地下的防空洞。陈香梅把刚才从衣柜内抢出来的外套和毛衣紧紧地攥在手上，生怕汹涌的人潮将这些御寒衣服挤掉。

此时正是 12 月，地下的防空洞又冷又湿，令人窒息。外头的轰鸣声还在继续，孩子们蜷缩着身子拥挤在木板凳上。看着同伴们冻得发抖，陈香梅将方才打算给妹妹们的毛衣贡献出来，姑娘们挤在单薄的毛衣里相互依偎，相互取暖。

大股的烟尘从天花板上飘下来，地下防空洞昏暗的灯光在地动山摇里摇摇欲坠。修女握着念珠，一遍又一遍地祷告，对圣母玛丽亚的呼唤成了此时她们唯一的指望。时间仿佛凝固了一般，等待了许久，枪炮声还在继续。久坐木板凳的姑娘们感到了身体的疲累，到夜幕降临轰炸结束时，她们的腰背竟难以动弹。

修女们见形势好转，派一个人出门查看情况后，便领着孩子们回到地面用餐、上洗手间。灯光设施在轰炸中被摧毁，身边的一切只能靠模糊清冷的月光去识别。虽然餐桌上能果腹的只有白面包和牛奶，但饿了十二个小时的姑娘们早已饥不择食，桌上的食物不到一会儿便被她们尽数扫光。

原以为轰炸是一时的，但不想这样的境况竟成了常态。前面几天，人们还对英军抱有信心，来抵抗内心对日本侵略者的恐惧，但几天后，日军占领启德机场的消息却把所有人的心都击碎了。

苦难的来临从来都不会以人的意志为转移，战争的步伐也不会因为人们的厌倦、害怕或是气愤、伤感而停止。每天，炸弹如落雨般从天而降，每天姑娘们都只能带着暖和的外套躲到阴暗的防空洞里避难。

街上的繁华再也看不见，曾经闻名遐迩的商贸之都因为店铺的关闭而萧条冷清。学校里虽然有存粮，但坐吃山空终究不是办法。女工们看着姑娘们饥寒交迫，冒着被炸死的危险四处寻找食物。但胆小怕事的厂家毫不留情地将女工们拒之门外，只有慷慨的人们也只能在自己的储备粮里给出少许的罐头和面包。

每天，孩子们用一片面包和一块饼干做早餐，晚上则是睡觉前吃半碗酱油拌的米饭。能到这里读书的女孩子家中条件大多不错，但这些被人宠爱的"小姐们"却并没有因为食物的简单和贫瘠而大吵大闹。相反，她们十分懂得食物的珍贵，也从不随意浪费，肆意丢弃。尽管饥饿的感觉还在蔓延，但每天定时的进餐还是能支撑她们弱小的身躯挨过战略封锁带来的饥荒。

在西方的节日里，圣诞节的意义不言而喻。圣保禄女中作为教会学校，每一年的圣诞都过得异彩纷呈，但这一年，战争的侵入却让所有人都没了庆祝的心情。

距离圣诞节还有三天的时候，突如其来的炸弹让圣保禄女中的校长办公室和教务室楼成了废墟。水塔在轰炸中受到牵连，导致学校水源断绝。学校里还有一口井，虽然在炮火连天里站在原地打水的危险不言而喻，但为了能生存下去，女佣和学生们还是用超乎想象的勇气开辟了一条炮火里的取水路。

到圣诞节那天，英国人的投降换来了炮火的暂时平息。姑娘们在失败消息传来的时候，沮丧地陷入了沉默的死寂中。看着孩子们如此悲伤，修女们自然跟着难过。作为安抚，午夜时分，修女们领着40多个女孩到小教堂做祈祷。

蜡烛在黑暗里摇曳，夜空中的星光闪着冰冷微弱的光。对上帝的虔诚和恳求并不能消除孩子们内心的恐惧和对未来的茫然。

关于日军烧杀抢掠的消息不停地传来，从圣诞节到新年，孩子们只能足不出户，生怕招来日本人的伤害。唯一的消遣是读书，平日里这项活动自然没有玩耍有意思，但当生命随时受到威胁的时候，能有时间和精力继续以往的阅读却是天下最幸福的事情。

日本人在汉奸的带领下对全城展开搜查。新年过后，陈香梅所在的修女学校便"迎"来了日本人的检查。为了保护孩子们的安全，修女们把女孩儿们留在房里，并要她们躲到被子里。孩子们照做后，修女们才在女院长的带领下上前开门。

军靴在地板上发出"啪嗒啪嗒"的响声，被遮住视野的孩子们在恐惧中颤抖。

酒臭的味道弥漫在空气里，修女身上并没有多少钱财，只得将姑娘们珍藏的手表、钢笔奉送给"皇军"。日军并不满足，鄙视的眼神里同时充满了质疑。汉奸承太君的"旨意"要求修女们把这里是做什么的说清楚，修女满头大汗、磕磕绊绊地将这座比利时修道士兴办的学校的情况大致讲完后，日军才在汉奸的"汇报"中停止了对修道院的检查。

第二天，修道院门口多了一位守门的卫兵，孩子们不知道日本人在这里设置哨岗是为了监视还是为了"守卫"，但不论是何种企图，从此以后，她们要看日本人的脸色过日子了。从前，英国统治下的香港社会，英国人是中国人绝对的"主子"，如今日本打败英国占领了香港，人们又要遭受日本人的统治。

国家羸弱，政治规则带给人民最切身的痛楚便是奴隶一般的待遇和地位。虽然中国已经从落后的满清王朝走出来，但积贫积弱的国情和受人鄙夷的国际地位却让这个民族的普罗大众受尽了异族的欺负和凌辱。

此时，陈香梅的大姐陈静宜已经在香港圣玛利亚医院工作，前期的轰炸使陈香梅几人和姐姐失去了联系。好在战火平息后，陈静宜托人写信报平安，否则这六朵姐妹花可能要在离散的痛苦里失去最后的亲情寄托。

日军占领香港后，修道院定期通过粮票可以到特定的地方领取大豆、包菜、大米等食物。虽然包菜又黄又烂，大米中间掺杂了沙子，但和之前近乎断粮的日子相比，不用为明日的粮食发愁已经是不幸中的万幸了。

后来，一些日本人支持的店铺开始营业，虽然物价奇高，但修女们也常常去碰碰运气。运气好的话，她们能买到一两斤猪肉或者腊肉，回来时，孩子们的欢呼声就如同过年一样喜庆。

轰炸结束后，通讯渐渐恢复，陈香梅的同学们陆陆续续接到了家人的信件，并收到离港证前往安全的大后方去了。此时的香港已经与孤岛无疑，影响战争效果的老弱妇孺一律放行，年轻力壮的青年男子却因为是战争必不可少的人力而被禁止离开。好在陈香梅和妹妹们不在壮丁的行列，在修女们的协助下，终于拿到离港证，得以离开这个早已成为废墟的地方。

雨夜里绽放的花

16岁，一个智慧开启的年龄。

对于多数少女来说，这一年里发生的故事大多和美好的爱情相得益彰，但在陈香梅的生命旅程里，这一年的她却如同雨夜里绽放的花朵一般，虽然风雨飘摇却仍旧坚毅地绽放着属于自己的色彩。

那时，陈香梅的母亲刚刚离开人世，香港也被日本人占领，曾经衣食无忧的六朵金花在战火纷飞的年月里，只能依靠从美国汇来的住宿费栖居在学校里，远在国外的父亲虽为六个女儿的安危而担忧，却无奈早已续弦，爱女之心鞭长莫及，爱莫能助。

在世人的眼里，陈香梅似乎永远是积极乐观的，无论是最棘手的政治问题，还是最苦痛的人生境遇，这个坚毅的女性总能以她特有的笑容从容应对。然而，这样一张令人钦佩的笑脸背后，却曾经有过一个多愁善感的青春。对这段过往，陈香梅曾解释为熟读《红楼梦》的后果，但事实上，母亲的离世和父亲的冷漠才是她性格忧伤的根本原因。

人常道"伉俪情深"，但陈香梅母亲去世的那一年，她的父亲却始终没有露面，甚至连最简单的问候都未曾致达。深爱着母亲的陈香梅姐妹无法理解父亲的绝情，更无法理解原先相濡以沫的亲人为何一夜之间形同路人。当15岁的她跟着长姐用柔弱的肩膀扛起母亲丧事的时候，这种近乎惨痛的经历，改变了她的价值观。

好在，生活并没有任她惆怅、悲观下去，在她成长最关键的一年，毕尔的出现让陈香梅找到了应对生活困苦的新方式、新方法。

"他是一个非常乐观的人，虽然父亲是有名的中药店老板，又开了珠宝店，该是个公子哥儿了，但他不是。我们相识后不久，我就对他的品格非常欣赏，而他的乐观个性也使我有更大的勇气战胜后来许多不幸的疾苦和悲惨的遭遇。"

多年后，当陈香梅回忆起这个初恋男友的时候，脑海中浮现的依旧是他的乐观开朗和这个性格给她带来的不同寻常的意义。这种超越了爱情范畴的帮助，是上天对陈香梅的恩赐，正是因为这场恋爱，陈香梅才在泪痕斑斑的现实世界学会了发现希望的技巧，并因此成就了自己独一无二的人生传奇。

那一年，陈香梅完全适应了香港的生活，学业的成绩也开始在众多学生中出类拔萃起来。在老师的推荐下，陈香梅作为真光女校的代表，参加了全港范围内的中学生中文演讲比赛。

这是一场口才的较量，更是一场思维的角逐，在经过激烈的比拼之后，来自北京的陈香梅终于在20多名的竞选代表中脱颖而出，并当之无愧地获得了冠军的称号。

"我在演讲比赛中得了冠军，同学们替我高兴，我也喜出望外，因为在决赛中只剩下男女各一名，男生是圣士提反男校的高材生林君，我们以前也在比赛场中互争高低，那一次我们打了平手，评审员给我们的分数不分高下，我们握手互贺。"

在名为《春秋岁月》的自传中，陈香梅用平静的语气写下了自己当时获奖的心情。和之后几十年取得的耀眼成绩相比，一次演讲比赛的冠军显然算不得什么，但在陈香梅详细而精准的描述里，我们却不难看出这次经历的弥足珍贵。因为，对这个传奇的女人而言，这段经历不单是她在香港学习的重要进步，更是促成她初恋的重要一环。这一天，借着暑期之便来香港省亲的毕尔竟机缘巧合地与她有了相识的机会。

缘，妙不可言。很多时候，它的到来常让人措手不及。

作为当时著名的工程学校唐山交通大学的毕业生，毕尔本打算暑期结束之后就加入到抗战的行列去，而重庆正是他最终的目的地。有趣的是，在前往心中圣地之前，这个心怀家国梦想的男子竟应了中学同学的妹妹之邀，前来观看这场真光女校与圣士提反男校之间的"唇枪舌剑"。

当林君发言完，比赛场内响起了雷鸣般的掌声。眼看台上的选手只剩下陈香梅一人，场下观战的人多数认为这场比赛胜负已分。然而，当陈香梅完成了她的演讲时，人们才发现，原来这个看似文弱的女生才是真正的胜者。

镇定的笑容，清晰的思维，具有说服力的措辞和举手投足间流露出来的气质，这些都让陈香梅毫无意外地成为场上最耀眼的明星。

无怪乎老师想都没想就打出全场最高分，无怪乎全场的女孩子们会大声呼喊"香梅第一"的口号，陈香梅的魅力不在于她的眉眼有多美，相反，正是她这种由内而外散发出的气质，让周围的人为之赞叹，甚至对手都不例外。

屈居亚军，林君的夺冠之梦显然没能实现，但面对陈香梅，他却甘拜下风。作为知音，林君和陈香梅的关系，更多的是惺惺相惜的文人情怀。这种成长于交锋中，却不带烟火气息、暧昧味道的友情，简单、淳朴，直到后来都被互为文友的他们津津乐道。

而和这友情形成鲜明对比的却是毕尔隐藏在内心深处

的心潮起伏。

他从未见过这样的女子，在众人的注目下非但没有紧张窘迫，反而从容有度、谈笑大方。眼前的她不是倾国倾城的红颜美人，却有着摄人心魄的知性美，她的眼睛充满了睿智的光芒，微微上扬的嘴角看上去自信非凡，却无一丝一毫的轻蔑或挑衅之态。

众人道贺后散去，毕尔怀着对陈香梅的关注与好友一同向她走去。四目相对的那一刻，他的心跳有了别样的频率。悸动如此难消，直到几人坐在香港最高贵的酒店——香港酒店的西餐桌用餐时，毕尔的心情依旧难以平复。

他不知道陈香梅对自己是什么感觉，也不知道她喜欢什么样的话题，但发自内心的强烈情感却让他无法像个无事人一样默然坐在陈香梅的对面。

今天喝一点香槟可以吗？

你上大学选什么课？

什么时候开学？

有没有打算到内地读大学？

循序渐进的问话，不动声色的关切，毕尔控制着自己的情绪，希望能对陈香梅有更多的了解。但是，他万万没有想到的是，这个让他心动的女子竟然对他也有同样的感受。

"我和他面对面，四目相看就像有一股暖流、一股电流

使我觉得我们前世似曾相识，我一时竟呆了，说不出
话来。"

世俗的故事里，一见钟情可遇而不可求。但在陈香梅
见到毕尔的那一刻，她灰色的生活里却蓦地升起了些许灿
烂的色彩。

过去的一年里，亲人的死亡和生活的不堪，沉重地压
迫着她的神经。年仅 15 岁的她在举目无亲的困境中只好与
长姐独自承担起了母亲的身后事，那种被恐惧包围的悲伤
让陈香梅学会了坚贞和刚毅。她哭泣过、绝望过、挣扎过、
抗争过，但最终，她还是客观地接受了现实，用收敛和克
制与曾经的天真烂漫挥手告别，让平静和理性占据了上风。

人性本就向往自由，对情绪和感触极力克制需要的不
仅仅是客观和理智，更需要毅力和坚韧相辅相成，而这正
是长久以来人们对善于把控情感的人由衷佩服和憧憬的原
因。从这个层面上来说，陈香梅在孤苦无依的香港与毕尔
产生爱恋之情与其说是年轻使然，倒不如说是她困苦的内
心对美好的渴望。

四目相对那一刻，陈香梅和毕尔没有长篇累牍的对话，
却好像彼此早已认识了许久；十指相扣那一瞬，他们没有
不见不散的约定，却好像这样的承诺早已许下了多年。爱
情，并不需要正式的仪式才能启动，当陈香梅彻夜难眠地
想着毕尔的面孔，她的心早已冲出生活的凄苦，朝着另一

个鲜活而年轻的生命奔去。

看着战火里寥寥无几的灯火，陈香梅的内心被现实渲染出了阴郁，但眼前意中人的鼓舞和关怀却让她有了足够的勇气冲破晦暗。她知道现实的残酷，也知道未来的无法预知，却更知道坚韧地面对远比惴惴不安、怨天尤人有益得多。

就这样，一颗年轻的心在爱情的滋润下伴着春天的朝阳徐徐升起，陈香梅如同一棵顶着顽石成长的野草，即便那绿得耀眼的叶片被褐色的沉重覆盖住了轮廓，她也努力在细小的缝隙里透出倔强而任性的生命色彩。

人们常说，人算不如天算，虽然这句话多少有些悲观主义色彩，但若用在陈香梅和毕尔的爱情故事里，这几个字却比任何语言都要贴切。

日本空袭的来临和英军软弱的抵抗让这两个互相深爱的人被迫走向分离的结局。12 月，毕尔接到电话便立刻赶往重庆就职，为了能和陈香梅一起前往重庆，他花费高价从票务处购买了船票和机票，让陈香梅根据喜好选择前往的交通工具。战火纷飞的年代，获得一张前往重庆的机票是十分困难的事情，毕尔如此举动所蕴含的深深爱意，陈香梅怎么会感受不到呢。但是，此时的她已经收到了大姐订的前往美国的船票，到底前往何处，她的内心在亲情和爱情间饱受煎熬。

作为姐姐，陈静宜自然不肯留陈香梅一人在中国，在她看来这个年轻而无知的小姑娘若是没有自己的庇护肯定无法躲过战争的炮火。而毕尔又何尝不是一样的想法。

香港此时已经岌岌可危，若将陈香梅留在此处，迟早爆发的战争很有可能会夺去心爱之人的性命，所以，对他来说最保险也是最安全的办法便是跟随自己一同前往大后方的安全城市——重庆。

未经世事的陈香梅此时对香港潜在的危险并无知觉，她不知道战争的气氛已经在太平洋的另一端燃起，并逐渐向此处袭来。她决定留在香港，以此等候前往美国的大姐和前往重庆的毕尔回来相聚。但这样天真的想法却被毕尔现实的话戳破了。

他告诉陈香梅，这场战争不会一下就结束，而自己也不会再回来香港，因为内地需要人才，他也不会再回到战争的废墟里。陈香梅愣愣地看着毕尔，心中的不解油然而生。年幼的她不明白为什么毕尔如此坚决地要离开香港，更不知道为什么他再也不回来。毕尔对战局的看法虽然精准，但终究没能让眼前年纪尚浅的爱人明白。直到香港真的成为了日本人肆意屠杀的战场时，陈香梅才发现战争原来并没有自己想象的那么遥远。

事实以自己的方式证明了毕尔的说法是正确的。陈静宜和陈香梅也开始觉得前往大后方是她们最好的选择。离港时，陈香梅紧紧握着毕尔的手，以此握住她之前差点错过的爱情。

然而，世事难料，这两个曾经志同道合的人虽经过了千山万水到达后方，但生活阅历的不同却让他们最终选择了不同的方向。因为公职，重庆自然是毕尔必然的选择，而因为后来的中央社的工作，陈香梅选择了上海。

生活无忧的年代里，这样的分歧或许会引来一场情人间的争吵，但在那段朝不保夕的日子里，谁又能说对方的选择就是错误的呢。未来在何处，谁也说不清楚，哪里才是最安全的所在更无人知晓。作为新时代出生的青年人，不论毕尔还是陈香梅都拥有自己对时局、政治的理解，也都在心里藏着一个奋发向上的理想。

"生命诚可贵，爱情价更高，若为自由故，两者皆可抛。"脍炙人口的诗句里，自由的价值彰显到了极致。我们为陈香梅和毕尔爱情的无疾而终感到惋惜，却又为这样两个敢于在战乱中追求理想的青年人感到敬佩。

时代无法重复，生命不可复制，但期间蕴含的精神品质却值得现今的我们领悟学习。浮躁的时代里，每个人都需要属于自己的理想，并以此为目标不断前进，唯有如此，青春和生命才能在最初的梦想里得到最本真的释放、最纯粹的张扬。

躲避战争

太平洋爆发前，香港早已摆脱了原来的贫困，成为日益繁荣的城市。在英国殖民地的"冠名"下，香港并没有多少战争的可能。当北方被侵略者袭击后，香港成了不可多得的避难场所。不论富裕人家还是普通民众，只要有条件的都会将孩子送到香港，以此躲避战火。

然而，一场出人意料的袭击却让这个战火里难得的平安地成了战场的一部分。珍珠港袭击后，美国向日本宣战，随后，英法等国也加入了这样的战争。而香港也因为这场正义战争的缘故，成了日本首要的攻击对象。

平静被炮声笼罩，废墟覆盖了原本的繁华。连续多日的轰炸过后，暂时的安静，成了人们离开香港逃亡大后方的最佳时机。在很多人的印象里"逃亡"并不是寓意良好的词汇，但在侵略者疯狂侵犯的年代里，能有一张船票和一张官方印发的离港证却是可遇而不可求的难得机遇。

军舰在海上巡逻，航线的限制下行船只能绕道行驶，航程自然也比原来劳顿很多。然而，即便如此，人们还是没有停下离开的脚步，因为和在孤城坐以待毙相比，旅途的劳顿完全不足挂齿。

与其他行船里的乘客一样，陈香梅姐妹购买的并不是直接到达目的地的长线船票，而是前往澳门的短程票，因为这个过渡性的港口既是他们走出香港的必经之地，也是他们绕道广州湾，前往广西桂林的必经之路。

为了轻装上阵，陈香梅和妹妹们每人仅携带了一件行李，母亲留下的古玩、书画及陪嫁的金银器物则被她们存放在大姐所在医院的印度同事家中。

原本，轻便的首饰如钻石、翡翠等物品，陈香梅姐妹俩也打算放在同个地方一起保管，但想到此去路上行程艰难，身上的钱财若花光了很难找到接续的资金，她们便将金银细软带在身上，以此应付不时之需。

上船的时候，日本兵的搜查十分仔细，陈香梅和姐姐生怕仅有的财物被掠夺，便想了个法子，把东西藏在棉被里掩人耳目。前方旅客的箱包在日本人的示意下一一打开，此时轮到陈香梅了。

看着日本人虎视眈眈的眼神，陈香梅和姐姐紧张极了。好在这两个姑娘早已经练就了成熟淡定的品行，因此，即便心脏在恐惧的驱使下跳动得失去了规律，但脸色已然平静无常。

离岗的人数量众多，日本人虽然谨小慎微，要求所有旅客都把箱包打开，但无奈人数过多，他们也无法一一查看箱包里的东西。见例行检查的小姑娘带的只是棉被一类的御寒之物，日本人并没有过分地盘查，扬手招来后面的旅客进行例行检查，陈香梅和姐姐不由得长舒了一口气。

战乱时期，轮船出港并不是件容易的事，为了赢取最大的利润、降低风险，轮船公司将头等、二等之类的船舱全部打通，以此装下更多的旅客。拥挤的场面令人感到不适，但即便是这样一处只能站下两只脚的位置也要拼了命守卫，因为只要你稍微挪开一下，这一小块地方就会被别人抢去。

好不容易到了澳门，陈香梅等人立刻买来船票前往广州湾。等船的间隙，无处栖身的她们拖着疲惫的身子躲在天主教堂里，稍作休整，等精力稍稍恢复后，她们便拿起行李朝下一个目的地而去。

此时的广州湾被全国各地的难民拥挤着，进出都十分困难。为了躲开日军，陈香梅等人放弃了官道，转而选择偏僻村落的小路。

山峦叠翠的景色里，一个个小村庄零星点缀其中。有的十几户人家自成村落，有的则是两三户人家孤零零地杵在荒山中间，与山林为伴。刚开始，陈香梅以为经过中国的村庄或许能看到不一样的男耕女织的美景，然而，当她真正身处其中的时候却发现，这里的景象和自己想象中的完全不同。

贫穷落后的中国农民在城市生活的衬托下如同难民一样悲惨，残破不堪的泥土房屋里居住着衣衫褴褛的农户人家，偶尔出现的小片田地里，农户们的庄稼虽也生长着，但青黄不接的模样却让人看着十分心疼。

在《清明上河图》的线条里，农民的富庶丝毫不比灯火通明的城市逊色。生于官宦之家的陈香梅和姐妹们也一直以为那样的场面才是中国农村的面貌。然而，当眼前的一切以真实的面孔迎面而来的时候，姑娘们目瞪口呆之余，同情与伤感的情绪不由自主地溢满心间。

如果说在香港的日子让陈香梅知道了什么是贫困，什么是艰难，那么眼前的村庄却让她懂得了什么是无奈，什么是绝望。日军的袭击还在继续，曾经繁荣的北京、天津、香港都不堪一击，如此苦难的农村又怎么经受得起侵略者的折磨？

温热的泪水从她的眼中滑落下来，一种前所未有的为这个国家和民族担忧的心情油然而生，突然间将她的爱国情感点燃。在此之前她对爱国的理解仅仅是书面的文字，但今天，内心的触动却真正完成了思想上的升华和成长。

面对这些在地图上看不到的小村落，陈香梅说不出名字。残破不堪的布局和设置让村庄里的旅店看上去十分污浊。屋里只有两张木床，床上的被褥因为长期未洗而显得暗黑无比。和修道院干净整洁的环境相比，这里显然不是居住的好地方，但是逃亡的行程怎么可能与"舒适"二字挂钩？

　　回顾一天的行程，行走的距离并不算远，但从未出过门的她们却被崎岖不平的山路掠去了所有的力气。才坐下，陈香梅和姐妹们便被一阵阵的疲倦和困意压倒，未来得及思考明天的路程，姑娘们便倚着床板，沉沉地睡去。

　　做一个美梦，或许是对良好睡眠的最好诠释，但这样的夜晚，陈香梅的脑海并没有梦境发生。那是一种劳顿过后的疲惫，更是一种精神紧张后的倦累，美梦能带来短暂的欢乐，但深沉的睡眠却能让身体得到最好的恢复。

　　然而，半夜那一阵难耐的痛痒却把陈香梅逃难路上唯一的修养中断了。蒙眬间，她将手放到脖颈处，竟发现众多的虱子在自己的身上爬动着。不一会儿，妹妹们也陆续被同样的感觉惊醒，掀开被单一看，发现下面竟然是成片的虱子！

　　这是多么让人毛骨悚然的场面，女孩们在修道院时虽然也过着极为艰苦的生活，但年幼的她们还是被眼前的场面惊吓到了。

　　香港出发前，陈香梅就被告知，内地的生活十分艰苦，普通人未必能经受得住。那时，陈香梅一心想离开香港，对朋友的话语并没有太在意，然而，当那些成群结队的小虫将浅木色的床板染成黑色的时候，陈香梅才知道自己将要面临的是超越 16 岁人生阅历的事情。

　　床板是不能睡了，陈香梅和姐姐带着妹妹们从床上下来后，把清扫干净的被褥重新铺到泥地上。和高门大院里用规整的砖块砌成的地面相比，坑坑洼洼的泥地表面自然不会太舒适，但陈香梅和姐妹们却并没有因为嫌弃而有所顾忌。相反，她们十分迅速地在泥地上找到了自己的位置，然后闭上眼睛，继续方才被惊扰的睡眠。

贫富差距的世界里，"娇滴滴"的小姐们自然无法理解贫穷农民的生活环境和生活方式，但陈香梅的这场逃亡的历程，却让这本来没有交集的人和事重叠在了一起。如果没有这段旅程，或许陈香梅会成为一个生活在繁华里靠想象思考中国问题的"纸上谈兵"者，但幸运地，陈香梅真正体会到了贫穷和苦难的滋味。这种将骄纵的习气化作刻苦品质的过程，是命运的无奈，却更是人性的成长。

第二天，东方才蒙蒙亮，陈香梅就带着妹妹们踏上了旅程。父亲不在中国，外祖父又联系不上，举目无亲的旅途里，陈香梅主动担起了"队长"的责任。遇上轰炸，她带着姐妹们躲避；遇上封锁线，她查看地图寻找最合适途径绕道而行。她不因为迷茫而抱怨，也不因为路上的艰难而哭诉。作为姐妹中最具有见识和胆识的姑娘，陈香梅用自己的坚强和独立引领姐妹们继续前进。

然而，就在姐妹们齐心向目的地走去的时候，一场突如其来的疾病却让这"六朵金花"险些失去了主心骨。

生还奇迹 ·

生命有时是脆弱的。

在疾病面前，生命的韵律随时可能因为不堪一击而结束，那种突如其来的侵袭在让人痛苦不堪的同时，更让人感到绝望和无助。有效的治疗或许是解脱的重要途径，但与之相比，坚强的意志却能在缺医少药的时候，给患者最大的鼓舞力量。

前往桂林的路并不平坦，除了躲避敌人和战火的突然袭击，陈香梅一行还要接受极端自然条件下的生命考验。

从广州湾步行出发已经八天了，路程虽然前进了不少，但现实的艰辛和想象中的顺畅之间的冲突，却让所有人开始对此次行程产生了忌惮。在陈香梅的鼓励下，姑娘们克制着心里的阴霾，拼尽全力向前，但一场意想不到的传染病，却把她们的心蒙上了阴影。

一开始，病症并没有在陈香梅姐妹们身上出现，但同行之人剧烈的咳嗽和畏寒的体征如同强烈的信号一般，让陈香梅开始警惕，她叮嘱姐妹们一定要小心。

一直以来，陈香梅都是姐妹中身体最棒的那一个，缺医少药的情况下，强健的身体无疑是最好的防护伞，陈香梅也对这一点十分自信。然而，尽管她每次出外觅食回来后都做好清洁，病菌还是在她身上扎了根。

发现自己的身体出现异样时，不愿意让大家担心的陈香梅赶紧服下随身携带的药品。次日，见病症没有大规模发作，她便继续跟着大部队一同前往下一个目的地。

陈静宜发现妹妹的步伐没有前几日那样矫健，心中有些疑虑，便询问了陈香梅具体缘由。陈香梅原本想隐瞒自己病情，但觉得告诉姐姐以便她们有所警惕，便诚恳地将自己的病情告诉了她。

静宜听到妹妹如此说，内心惊讶之余当即做出了留在原地休息的决定，但陈香梅却拒绝了姐姐的要求。这一路，除了她们姐妹几个，同学邱慕华和哥哥邱有耐也在同行的行列。于陈香梅而言，自家姐妹耽搁几日没有关系，但同伴们若是因为自己延迟了到达的时间，或是在路上遇上不测，即便身体痊愈了，心中的内疚和惭愧也是无法痊愈的伤痕。

作为姐姐，陈静宜当然知道自己的妹妹是如何一个顾全大局的人，所以，对陈香梅这种强烈的坚持也能明白几分。她还想说服这个固执的姑娘，但想着早日到达对她养病也有好处，便不再多言，只得加快脚下的步伐，希望尽快结束这段艰难的旅程。陈香梅见姐姐如此支持自己，原先坚持到底的信心愈加坚定。她稍作休整，便迈开步子，领着妹妹们继续向前。

然而，就在陈香梅和姐姐打算隐瞒自己患上疟疾的事实时，新的疾病——痢疾，让陈香梅被迫成了瘫在床上、无法动弹的重病号。

冷汗顺着额头渗透了衣被，剧烈的腹痛和忽冷忽热的痛苦将陈香梅本来红润的脸色摧残得如同白纸一般。妹妹们没想到姐姐病得如此厉害，静宜也因为前两天的错误决定而懊恼不已。

简陋的床边，姐姐妹妹们围绕着病重的陈香梅，泪水在眼眶里打转。陈香梅疲惫地睁开眼睛，劝说大家赶紧离开，并承诺自己病好了一定赶上大伙儿。可是，姐妹之间的情感怎能容许亲人因为重病而掉队呢。

前几日的坚持在此刻因为伤感有了脆弱的缝隙，说好不哭的姐妹们在此刻再也无法抑制内心的感伤，打转了许久的泪水终于在此刻顺着稚嫩的面孔倾泻而下。

没有父母在身边的日子，相互扶持是姑娘们生存下去的唯一办法。为了姐妹们免遭疾病的侵袭，陈香梅用自己的身躯做防护；为了陈香梅能早日康复，姐妹们又主动承担起求医找药、悉心照顾的责任。即便这里是荒无人烟的野外，姑娘们还是决定穿过茫茫的夜色前往镇上寻找治病的良方。

看着痛哭流涕的姑娘们如此难过，同行的人无不落下同情的泪水；看着她们因为救助姐姐心切而以身犯险，同从香港而来的邱有耐自然更不会无动于衷。为了保障姑娘们的人身安全，他主动提出自己去镇上找郎中的建议。姑娘们原本也不愿意同伴冒险，但想着一名男子在夜间出行的安全性要比女子高出很多，便将身上的积蓄拿出来交于邱有耐，托他购买治疗的中药。

　　长夜漫漫，静宜带着妹妹们一边给陈香梅擦拭汗水，一面焦急地望着门外。时间一点点地过去，静宜的心也因为漫长的等待而焦虑起来。好在一切还算顺利，天边微亮的时候，邱有耐的身影终于出现在静宜的视线中。

　　郎中虽然没一同前来，但通过邱有耐的描述，他准确地知道了陈香梅身患疟疾和痢疾的病情，并据此开出了对症的中药。陈静宜如获至宝般地捧着手上的药，诚恳地谢过邱有耐后，赶忙按照医生的嘱咐将药材煎成汤水送予陈香梅服下。

　　和西药相比，中药的疗效并不是以立竿见影见长。温和的药性虽然能将疾病连根拔起，却需要足够的时间酝酿。晚上，肚子痛得厉害的陈香梅总要去十几次洗手间，高烧让她开始昏迷并说胡话。偶尔的清醒时刻，陈香梅身体上的疲惫和精神上的痛苦也对她坚强的意志产生了极大的摧残。

　　16 岁的她虽然一再鼓励自己要坚韧不拔，但这场因为疾病而在生死边缘上徘徊的经历却让她不由得对死亡产生了恐惧。神志不清的她，想到香港朋友关于内地生活无法克服的语言，痛苦到极致的时候，她的意识里也升起了一了百了的消极想法。然而，只一瞬，姐妹们对自己难过和伤感的画面便又重新占据了她的大脑。

她用尽全力摇摇头，将方才关于死亡的想法清除，清醒之余，她反复告诫自己：即便战胜疾病再艰难，她也要为关心自己的亲人们勇敢地活下去。

幸运地，到第三天时郎中的药开始发挥效用。陈香梅再一次睁开眼睛时，身上的病痛已然没有先前那样剧烈了。一旁的陈静宜看着妹妹开始恢复神志，内心泛起的自然是无与伦比的喜悦。

看着围绕在身边的姐妹们，从疾病中挣扎回来的陈香梅在感谢上苍之余，不由得为自己能在极度的痛苦中做出坚持的决定感到骄傲与欣慰。而她身体的好转也让这支患难与共的队伍重新获得了继续前进的信心和勇气。

就这样，前往桂林的旅途开始了。

当时，桂林属于白崇禧的管辖范围，这个风景秀丽的地方除了是抗日的重要地区外，更是中美空军在中国西南方的大本营。由于有军队驻守，桂林比香港安定很多。虽然在大敌当前的历史背景下，这样的安稳只是暂时的，但对于疲惫赶路的陈香梅和姐妹们来说，如此简短的时光却足够让她们休养生息，消除旅途的劳顿。

在找到一处合适的房子居住后，陈香梅和姐姐开始向远在美国的父亲联络。没有电话，她们就将话语凝练后，通过电报的方式传递到大洋彼岸。

静候消息的日子并不好过，姑娘们每天起床的第一件事便是查看是否有邮件寄送到。这里虽然是后方，但与外界沟通的渠道不可避免地要经过战场，和对父亲来信的担心相比，经历过香港混乱的陈香梅更担心的是她们发送出去的电报是否能顺利地到达父亲的手中。

好在，一切都还算顺利。在经过漫长的期待后，父亲的信件终于通过美国十四航空队，也就是大名鼎鼎的飞虎队队长陈纳德的副官传递到了陈香梅在桂林的居住地。

面对外国人的突然到访，房东的惊吓可想而知。好在这两位副官还懂几个中国的词汇，简单的"陈小姐"三个字，便表明了他们的来意，房东也因此消除了顾虑，叫来陈香梅和她的姐妹们一同会见这两个特殊的信使。

信件是陈香梅的父亲陈应荣亲笔书写的，虽然委托之人是陈纳德将军，但这个充满传奇性的人物却并没有一同前来。看着副官们彬彬有礼，六个女孩也不再恐惧，几句交谈后，她们便迫不及待地拆开父亲的信件读起来。信中，父亲一如既往地表达了自己的关切和不能回国的情况，和着信件他还寄来了姐妹几个的生活费。

闲聊中，陈静宜得知飞虎队需要会说英语的医务人员，便接受了加入飞虎队医院工作的邀请。姐妹几个在父亲的信件中看到了希望，也得到了难得的安慰，作为大姐的陈静宜则更是欢喜，因为她得到了前往美国空军基地工作的机会，并获得了前往美国的最理所当然的理由和便利。

此时，对于陈香梅来说，或许来自父亲的信息和姐姐的工作比什么都重要，她虽然没有像大姐一样得到什么具体的职位或者邀请，但她却比任何人都要幸运，因为连她自己都没想到，这样的一封邮件，这样的一次会面，竟然在几年后成为她一生中最重要的那段爱情的开端。

多年后，当她和陈纳德闲坐在自己家中享受老夫少妻的甜蜜日子时，她对第一次听到陈纳德将军姓名时的感触已经有些淡忘了，然而，缘分就是如此神奇。

尽管此时的她对那封薄如蝉翼的信件的关切超过了一个赫赫有名的将军，尽管她从未曾刻意开辟这个男人在自己心中的地位，但当缘分来临时，她还是猝不及防地被他深深地吸引。

第三章

新闻多说战争事

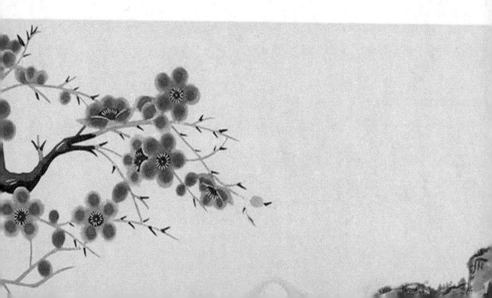

她，来自中央社

在传媒方式异常丰富的今天，报纸和广播已经不再是人们获得新闻资讯的唯一方式，网络和电视的加入，让人们的信息资源更加四通八达。但是在几十年前的民国时代，那些印在报纸上的豆腐块文章和数量稀少的广播头条却是战争时代里最前沿的信息来源。

中国经历了长期的闭关锁国，新闻和广播行业在国门打开后迎来了蓬勃发展。1924 年，在各式各样的报纸开始成为人们生活必需品的时候，旨在传递国际国内最新政治新闻的中央通讯社在广州成立了。

1927 年，这个年轻的新闻社搬迁至南京，并以更加全面的方式向全国各地发送新闻信息，并陆续取得各国在中国国内的独家发稿权。抗日战争爆发后，中央社总社因为战局的变化而迁至汉口、重庆，并全面播报中国战场、太平洋战场及欧洲战场的战讯新闻。

作为中国最权威的媒体之一，中央社在新闻界的地位不言而喻，这里的战地记者也必然是对时局和政治拥有良好敏感度和直觉的有志青年。每天，这里都有成千上万的稿件在流动，这些记录着中国最新的战况和政治动向的文字通过无线电波的方式传递到千家万户，人们不再糊涂于莫名其妙的轰炸理由里，政府层面的举措也开始以较为明朗的方式在民间传播，如此的信息传递给当时闭塞而落后的中国人民打开了一扇洞悉世界变幻的窗口。

那时，新闻界还比较保守，对女权的重视程度也尚未与时俱进，因此，能到战场采访的记者大多是男性，即便有一两个女性参与其中，也只是在编辑排版、后勤保障一类的岗位上从事幕后工作，诸如采访之类直接接触一手新闻的重要岗位则没有女性的身影出现。

然而，正是在这个大的时代变迁里，陈香梅硬是用自己的才华和能力突破种种限制，成功地成为中央通讯社第一位到现场采访的女性记者。她所写下的不仅是自己人生的辉煌，更是摆脱千年束缚，完成男人与女人间平等对话的历史。

　　在那个女权还没有被重视的年代，男人们的霸道和专横是社会的主流，习惯于男尊女卑的旧式女性也很少思考应该如何改变自己枯燥而单调的生活方式。

　　那个年代，和陈香梅一样年纪的女孩子受教育的人数渐渐增多，但程度却停留在"读书识字"的层面上，关乎生活状态和精神面貌的思想解放却因为封建礼教的残留而无法绽放。学业结束后，这些接受了新式思想的女孩只能回到那个被封建思想包裹的家庭中，不得已接受了父母为自己包办的婚姻后，曾经有机会飞出牢笼的她们重新成了禁锢中的时代的祭品。

　　年轻的生命在封建的魔掌中凋零，活泼女性被迫在不见天日的所谓"闺房"荒废了时光。《雷雨》中，曹禺用独特而发人深省的笔触刻画了一个人格扭曲、被畸形爱情逼成疯子的女人——繁漪，这个在新时期成长却最终难逃封建婚约的悲惨女性，其身上的悲剧色彩何尝不是新旧思想冲撞下的无奈结局。

　　有志之士在西方国家的求学带来的不仅有惊世救国的经验，更有另一个社会先进而精彩的生活方式。人们除了看到金发碧眼的新式模样，更看到了女人的另一种精彩。

　　母亲廖香词和外祖母邱雅珍所倡导的生活或许不为当时的人们所理解，但它却代表了一个时代发展的趋势和未来方向。年轻而充满活力的陈香梅在这样一种思想的指引下，自然也不愿遵从封建社会的陈规陋习。对她来说，读书是接受教育的重要途径，而接受教育的最终目的除了为了摆脱文盲的命运，更是为了寻找到除了联姻之外的其他生活出路。

1944 年，陈香梅一行随着迁徙的大部队，来到更为内陆的昆明躲避战乱。恰好，岭南大学一部分专业因为战争的缘故也迁来内地，陈香梅在这里完成了她的学业后，便开始为自己和妹妹们的生活四处寻找工作。

那时，陈香梅在文字上的造诣已经显现出来，她的小说和散文在日报、晚报及各种杂志刊登，她的名字也开始为人们所熟知。当时的昆明虽然远离战争前线，但经济却同样萧条。好在对于成绩良好、精通外语，且文学功底也十分深厚的陈香梅来说找到一份和文字相关的工作并不算太难。经过面试，陈香梅最终被中央通讯社昆明分社的管理者相中，成功成为试用工，岗位则是编辑部的助理一职。

作为幕后的一员，陈香梅自然没有独自发稿的权利，每天，她的工作便是利用晚上的时间，全面校对当天发送来的稿件，然后通过自己的理解和对文字的把握对这些文章冠以引人注目的新闻标题。

作为积极上进的姑娘，陈香梅在中学和大学里都是社团活动的积极分子，除了演讲比赛，陈香梅更重要的社团

活动便是在校刊担任编辑。虽然，学生的新闻稿件不能和真正的新闻大社相比，但仅仅是阅读文章、添加标题的工作对她来说却驾轻就熟。

不得不承认，陈香梅天生就是做记者的料子，每一次她命名的题目都能在赢得观众注意和尊重新闻客观性之间保持平衡。今天，众多的网站与媒体为了博取眼球而将新闻标题通过夸大的方式进行展示，这样虽然能引来短暂时间里的点击率和阅读量，但就新闻本身而言，"货不对版"或是"挂羊头、卖狗肉"终究摆脱不了"欺骗"的嫌疑。

多年前，陈香梅用她的认真和执着让新闻的独立性和客观性成为广播文字里最令人信服的内容，这种源自本真的敬业精神和态度虽然年代久远，却仍能在今天起到重要的指点作用。

那时，昆明分社的办公室在昆明金碧路，周围名流和富豪们居住的高级住宅区让这条路毫无疑问地成了最有名的富人街。在北京，陈香梅的家境也不算差，但如今的她却早已蜕变成了依靠自己、求真务实的进步青年。由于夜间编稿的需要，陈香梅每天都是早出晚归的工作节奏，在附近租一间房子居住显然是最好也最安全的解决办法，但昂贵的租金并不是她一个小小的试用工所能承担的。

为了找到合适的地方居住，陈香梅到附近一个云南富商家中兼职做家庭教师，并在他们家的四合院中居住了下

来。虽然不是上宾，也没有住到正式的客房，但陈香梅对这个有独立房间和浴室的住所却十分满意。

教学的两个男孩子正是顽皮嬉闹的年纪，所以对陈香梅的讲课不是十分上心，但奇怪的是他们非常喜欢听陈香梅讲故事。作为战争里逃亡的"难民"，陈香梅自然有许多孩子们想都想不到的神奇经历。每天，两个男孩都会张大眼睛，认真地听陈香梅绘声绘色地讲述她一路的经历。

时光在故事的流淌里重新回到了或困苦不堪，或惊心动魄的瞬间，过往的画面一一浮现，内心的恐惧和感慨也在这样的回忆里有了宣泄的可能，眼下生活的稳定和祥和也在今昔对比中更有了值得珍惜的理由。与其他还在死亡线上挣扎的流亡学生相比，陈香梅觉得自己的境遇已比他们强很多，而这也是她倍加珍惜自己的工作并全神贯注到其中的重要原因。

生活总是苦乐参半，有时候它将人们折磨得伤心欲绝，但只要有一点善意的恩赐，人们便会恢复信心，并重新用积极的态度回馈它。

母亲早逝，父亲没有消息，在家人无法联系上的战火年代里，陈香梅还差点被疾病夺去性命。一路上，陈香梅的经历坎坷不已，但到了昆明之后，生活还是给了她些许慰藉。没过多久，陈香梅便从晚间编辑升调到采访部，成为正式的新闻记者，并开始参与外事组采访美军的工作，

以及报道中美空军联合抗日的消息。

　　面对"事业对女人重要与否"的问题，现今的人们自然是以毋庸置疑的态度给出肯定的回答，但在陈香梅成长的岁月里，这样的问题完全就是对社会伦理与秩序的挑衅。和刺绣一类的活计相比，做一个抛头露面的记者显然有些"张扬"，想用一个女人的言论和提问换来对方最具新闻价值的观点看上去也像是对男权的侵犯。

　　因此，当这个身穿旗袍，留着一头乌黑长发的女人站在美军基地的时候，那种意料之中的、来自男性同行的鄙夷和蔑视便自然而然地接踵而至。

掌声响起

　　大约是同为人类的缘故，人们对爱情的产生最初都定义在神话的范畴里。和中国神话里白发苍苍的月老相比，西方的丘比特显然稚嫩了许多，但无论是前者深思熟虑后牵扯的红线，还是后者调皮捣蛋射出的银箭，当爱情在这两样器物的牵引下成为现实时，一切的缘由都已经不再重要。

　　作为父亲的好友，陈纳德在陈香梅生命中的出现是偶然和必然共同交织的结果。虽然在见面之前，陈香梅对这位赫赫有名的飞虎队将军的长相和作风并没有真切的概念，换句话讲，他更像一个人们口中传授的神秘符号，代表的是跨越国度的人道主义精神和热爱中国的国际主义道义。

然而，当陈香梅真正见到这位命中注定的男人时，原先来自外界的概念竟在陈纳德迈进采访大厅时消散殆尽，脑中所能感知到的只有对这个身着军装、风度翩翩的男人对自己的全部吸引力。

将这种感受说成爱情的体验尚且过早，但最初见面时的感觉往往能决定未来的情感走向。

作为中国最具新闻价值的美国将军，多年来陈纳德一直都是中国记者们簇拥的对象。且不说他在美国，甚至是在世界飞行史上的优异表现，单是他怀着满腔的热忱，不远万里来到中国为亟待发展的中国空军提供最精良的培训和训练就足以成为中国新闻界的宠儿。

大量的参访中，陈纳德形成了自己独特的应对记者的风格，记者们也渐渐掌握了在他的言谈举止中捕捉最有利的新闻素材的技巧。

当采访大厅里坐满了来自各大媒体的记者时，陈纳德与这些早已习惯了军旅气息的青年们在一种已然形成的默契中，自然而然地站在了台上。台上的陈纳德侃侃而谈，台下的记者们奋笔疾书。对他们来说，陈纳德除了是极负盛名的国际友人，更是他们的采访对象，虽然他的表达和战争局势，甚至是说国际关系有着密不可分的关系，但这些或严肃，或愤怒，或儒雅，或幽默的谈话对他们来说只是书写稿件的材料，所以他们并不会有太多的情感投入。

但是，陈香梅却不一样。

在经历了香港的战乱和前往昆明的漫长流亡之旅后，陈香梅对安定一词有了更深刻的理解。她曾见过同路人被侵略者屠杀的场面，也曾感受过躲避搜捕时的抗拒，她曾因为饥饿和疾病而失落绝望，也曾因为不知战乱何时休而焦躁不安。到达昆明时，父亲那封家书给了她稍有的安慰，但接下来的日子里，不断传来的战败消息和在毕业后毫无收入来源的挣扎又让她重新感受到逃亡时的不安。

对她来说，这一切的苦难都因战争而起，因此，能彻底终结她内心恐惧的也必然是能终结战争的所在。而陈纳德抵抗侵略者的决心和从战火中走来的从容，代表的正是陈香梅长久以来一直期盼，却始终感觉不到的"安全感"。

采访还在继续，跃跃欲试的青年们娴熟而强烈地表达着自己关于战争和政策的提问和质询，陈纳德则在熟悉的氛围里游刃有余地解释和回答着，即便是棘手的敏感问题他也从容不迫、面带微笑。

陈香梅的纸上，却一个字也没写下。

在中央通讯社，陈香梅是优秀的，她的能力和才华在同一批年轻人中，即便不能用独一无二来形容，出类拔萃的形容也是绰绰有余的。童年跟随出使国外的父母看遍了异国的风光，体验了他乡的风土人情，所以从小到大，陈香梅都不是一个对外界事物毫无见识的懵懂慌张之人。

对于今天的采访，到来之前陈香梅怀着十足的把握，因为英文的优势和对问题深入分析的能力让陈香梅自信自己一定能在陈纳德的口中挖掘出别人没有发现的新闻线索。纸和笔都已经准备好，关于陈纳德的其他报道陈香梅也牢记在心，但当真正的访谈开始时，陈香梅却一下成了呆子，完全不知该从何下笔。

这样的失误，旁边的记者们自然理所当然地拿"第一次"或"没经验"一类的词汇来做解释，但陈香梅自己却知道，能让她反常至如此的，并不是第一次上阵采访的紧张和无措。

通常情况下，紧张和无措的人对周围事物的敏感度会下降，所以在因为紧张而浑身冒冷汗的时候，周围的一切声音和行动都不能进入他的脑海。但举着笔，只字未提的陈香梅却对陈纳德的一字一句牢记在心。

1937 年，陈纳德将军刚刚被国民政府邀请来参战的时候，陈香梅还在香港念书，陈纳德那些关于战争的理解和关乎局势的判断都和年幼无知的她相距甚远。但当陈香梅在这样一个难得的场合听到陈纳德的"真知灼见"时，她在被这些语言里包含的讯息深深吸引的同时，却丝毫抓不住重点。对她来说，陈纳德的每一句都很重要，只要是他的回答，陈香梅都觉得十分正确。所有的信息在她的脑海里汇总，引发思想共鸣的同时，那些先前积攒的词汇竟苍白无力到毫无用处。

时间在一点点地流逝，采访的流程也进行到了尾声。在陈纳德的副官宣布采访结束时，陈香梅看着空白如初的笔记本，一动不动、呆若木鸡地停留在座位上。

说不清楚那是一种懊恼还是一种失落，方才陈纳德的话语陈香梅确实都已经听进去了，但真正要为新闻稿整理素材时，陈香梅却发现简单的聆听完全不够。前一刻，这个女孩还沉浸在陈纳德回答问题时的语言中，这一刻，她却成了世界上最失望的竹篮打水之人。

想到此处，陈香梅不由得红了鼻子，眼泪也开始不争气地在眼眶里打转。虽然，她告诫自己，千万不能在这个地方丢人，但内心的失落和对第一份新闻稿件的担忧却最终让她的坚强被无助所取代。

采访厅的人陆陆续续离开，原来拥挤的场地一下变得空空荡荡，但陈香梅却不愿意离开。她像一个相信时光能倒流的童话信仰者一样，轻轻地呜咽着坐在原位等待奇迹的发生。

幸运地，上帝听到了她的请求。

就在陈纳德离开采访厅的时候，一个女孩子微弱的哭声引起来他的注意。他倒退回来，转过头冲采访厅内望去，果然，一个娇小可爱的姑娘正坐在记者席上偷偷抹眼泪。

夕阳的余晖沿着窗户照射进来，橘黄色的灯光下，陈香梅的美丽被衬托得无与伦比。而这，或许正是陈纳德动摇恻隐之心的原因。他抬起手，轻轻地叩了叩门，以此提醒这位美丽的姑娘自己正在门口。陈香梅听到敲门声，抬眼望去，发现方才最重要的人物竟然还没有离去！

这一刻，她感谢上天的眷顾，更感谢这位微笑着询问自己是否需要帮忙的男人。虽然她并不知道自己的人生在此之后和这个男人有着不可磨灭的关系，但此时，那种情感上的依赖却比方才更加强烈了。

见陈纳德盯着自己，陈香梅不好意思地将眼角的泪水抹去，然后用认真诚恳的语气讲述了方才自己没能做好笔记的事情。陈纳德见陈香梅态度诚恳，语言流畅，方才对她的疑问一下便在这样的解释中找到了理所当然的理由。他拿过陈香梅的笔记本，见上面空空如也，一下竟萌生了帮人帮到底的想法。

于是，一个关于单独采访的邀请由陈纳德发出了，陈香梅却不敢相信自己的耳朵，直到这位将军吩咐副官将陈香梅带到自己的会客厅并做好一切采访的准备时，这个失落的记者才发现自己抓住的竟是所有媒体同行可遇而不可求的专访机会。

信心让陈香梅的状态一下振奋起来，她拿出纸和笔，

将方才准备好的问题一一写下，然后清了清喉咙，面朝陈
纳德开始了她人生的第一次专题采访。那是怎样一个场景，
陈香梅终生难忘。多年后，当一张无意中拍到的关于这场
采访的照片传到陈香梅手里的时候，年轻时的激动和感慨
一下冲破记忆的牢笼，成了这个女人一生中最宝贵、最精
彩的财富。

　　本着知无不言、言无不尽的态度，陈纳德将自己所知、
所想一一与陈香梅做了交流。在采访中，陈香梅对陈纳德
有了更深刻的认识和了解。

　　声名远播的陈纳德除了是美国 30 年代杰出的年轻飞行
员外，还是卓有成效的飞行员教练。他撰写的飞行的细则，
不但在美国空军大批量印发，连莫斯科空军也将其译成俄
文，以此为俄国的飞行员提供最先进、最实用的文献保障。
1937 年，陈纳德在蒋介石、宋美龄和毛邦初的邀请下，和
另外两个伙伴一同到中国亲察中国空军，并由此开启了他
与中国的一段不解之缘。

　　一开始陈纳德只打算在中国待 3 个月到 1 年，但战争
发生后，上海大轰炸、南京大屠杀里敌人的残暴却让陈纳
德毅然选择了留在中国，并和中国人民共同奋战。八年的
时间里，陈纳德与美国召集来的 100 多名飞行员、300 多名
机械维护人员一同协助中国空军，并成立了著名的"飞虎
队"参与战争。等到中国迎来了抗日战争的胜利，这支骁

勇善战的友好队伍，又通过运送物资等方式协助中国战后的经济恢复。

国际主义精神是一个巨大的话题，它的定义可以用长篇累牍的文字进行刻画，但与之相比，具象的描述其实更为重要。在《纪念白求恩》一文中，毛泽东曾借这位"白衣天使"对这种精神做了深刻而详细的阐述，而在同一时代，像白求恩一样跨越国界、共同抗击法西斯的国际英雄还有很多很多。在 1990 年的美国民意测验中，美国人通过投票的方式选出了两个二次世界大战中的美国英雄，其中一个是指挥著名的诺曼底战役的艾森豪威尔元帅，另一个则是与中国人民一同抗击日本法西斯的英雄——陈纳德。

历史的车轮虽然不会因为某些人或者某些事而停下，但那些辉煌的过往却不会被后人遗忘。陈香梅的专访在陈纳德和善而赞许的掌声中结束，而她对陈纳德这个与中国人民志同道合的"异族人"的尊敬，也在那篇关于专访的报道里以一种前所未有的新闻视角呈现在全国人民的面前。

陈纳德的助手擅长速写，趁着陈香梅和陈纳德相谈甚欢之际，绘制了一幅陈香梅的素描。虽然在陈香梅本人看来，那幅素描完全没有"传神"二字可言，但陈纳德却认真地向陈香梅发出请求，希望这样一幅简单的手稿能作为这次访问的纪念送给自己。那一刻，陈香梅对陈纳德的请求感到奇怪，因为她不知道这样一个美国军队的高级将领要这么一幅不起眼、不好看的画作做什么。多年后，当陈香梅真正领悟到陈纳德的人品的时候，她才知道，这样的一个请求正是他珍惜美好、追求和平的品质体现。而这一点，在他对中国人民的情义上表露无遗。

今天，世界早已融为一体，在国际关系日益密切的交流和贸易里，陈纳德的过往更为国人所称赞。我们在感叹了陈香梅和陈纳德这份不可言说的奇妙缘分的时候，更对那段并肩作战的历史充满敬仰。

英雄是值得怀念的，而最好的方式便是将英雄的精神传承下去。陈香梅的故事里，陈纳德活在永远无法回去的时光里，但字里行间的正义和无私却依然在今天闪烁着最耀眼、最夺目的光芒。

泉水的欢乐

事业对于女性有多重要，这个命题或许有些大。但如果把它转换成"女性是否应该将生命的意义全部寄托在男人的身上"，那么，这个问题就容易回答很多了。

通常，人们都会在事业型的女人身上安上"女强人"的称号，因为她们虽然在体力上逊色于男人，但在心理和思维上却同男人一样"强悍"。这种强悍不是霸道和专横，而是坚韧不拔的本质和屹立不倒的决心。

在陈香梅的众多采访中，印象最深刻的，除了对陈纳德将军的专访，还有一次是陪同军嫂夫人一同前往前线的跟踪采访。前者让她对新闻事业有了更大的信心和兴趣，后者则更让她坚定了一定要往下走的决心。

在那群军嫂夫人中，带队的同样是一名女性，华丽的旗袍说明这个女人的丈夫一定比其他人的官职要高一些。为了不误行程，陈香梅早早地来到出发地点，并整装待发，期待在与她们的交谈中记录下隐藏在军人背后的别样点滴。

然而，带队者的一句话让陈香梅一下子没有了继续的兴致。

"你们中央社就你一个人来？没有男人了吗？"这是一句询问，更是一句质疑，从这句话里，陈香梅听出了对方的不满和鄙夷。作为记者，陈香梅早已在新闻现场的忙碌中忘记了自己女性的身份，尽管刚开始她也遭受到了来自同行的质疑和蔑视，但时间一长，她过人的才华和出色的能力却让周围自大的男人们开始对她刮目相看。

事业上的成功让陈香梅感受到了前所未有的认同和信任，她更加全身心地投入到工作中，性别的差异也因此渐渐淡出了视野。但军嫂夫人的提问却让她重新意识到了这个问题。

习惯了影视作品剧情的人们或许希望此刻的陈香梅能有一个转身就走的动作以此给提问的军嫂夫人一记无声的

耳光，即便不是行为上直截了当的回击，也应该在语言上有所回应，以此让军嫂夫人看到陈香梅的骨气和独立。

但是，戏剧终究是戏剧，剧情与现实终究不同。面对采访对象的质疑，对此次旅程有些意兴阑珊的陈香梅并没有娇滴滴的大小姐脾气，相反，她表现出的是作为一个记者应该有的职业素养和一个知性女子的理性。她平静地陈述了自己采访过美军和战场士兵的经历，然后用更为骄傲的语气对这次采访表示出极大的信心，以此回应当事者的质疑和不满。

提出异议的军嫂夫人因为陈香梅的表现而汗颜，自己也再没有拒绝的理由。

采访的行程如陈香梅想的那样，并无多少难度可言，因为简单已然知道路径的旅程和之前陈香梅漫无目的的逃亡相比，完全不在同样的水平上。体力和身心都远在军嫂夫人们之上的陈香梅，除了每天和她们一样翻山越岭，还要在她们休息的夜晚进行稿件的编写和汇总。看上去，这样良好的表现是因为陈香梅较为年轻的缘故，但深层追究却不难发现，她这样做的内心想法，其实是为了证明自己虽然是女人，却同样也能做好采访工作。

回到中央通讯社，陈香梅立刻将自己的感想总结成厚厚的稿件传到总编手上。当总编对陈香梅的表现大加赞赏时，这个姑娘却说出了令人意想不到的话。她告诉主编，以后若是遇上女人的采访，便不要再派自己前往了，因为在这群还未能与时俱进的女人眼里，同伴的出现是不可思议，甚至是错误的。她们虽然也是女人，但骨子里却也和骄傲自大的男人一样看不起自己。所以，她宁愿和懂得尊重女人的男人一同完成采访工作，也不愿意和志不同道不合的女人一起争论女人的出现是否合理的问题。

女人看不起女人，这个命题听上去有些拗口，但描述的却是整个民国时代新旧两代女性之间的冲突和矛盾。这种习以为常的现象不但出现在陈香梅所在的记者行业，连日常生活里本应相互依靠的女性之间也因为受教育程度的不同而彼此轻视。

应该说，这是大时代背景下不可避免的思想倾轧，如今的社会，仅仅相差十年都会出现所谓的鸿沟，更不用说当年那个刚从封建社会脱胎出来，受到西方先进思想强烈冲击的民国时代。

和母亲一样，陈香梅的内心所向往的生活是男女平等下的自由和独立，虽然她的父亲也是男尊女卑的思想保留者，但总体来说，她从到香港念书之后，便不再受到父亲思想的限制，而是朝着更为自由的方向发展。但是，早已身为人妻，未尝接受新式教育的军嫂夫人们却不一样。

若是士兵，那么家中妻子多是父母选定后的对象，若是军官的妻子，那么门当户对的成分就更高，婚后相夫教子的理念自然更加强烈。看到陈香梅的那一刻，军嫂夫人的第一反应自然是大吃一惊，因为在当时能接受媒体采访是件难得的大事，而从事如此大事的人定然也是能堪当大任的男人才是，找一个女孩子过来此处，除了降低这件事情的严肃性，还极有可能增加事件的风险，降低完成的效率。

当然，陈香梅在整个行程里的表现彻底颠覆了军嫂夫人之前的成见，但这并不代表她们会从心里真正地接受陈香梅。对她来说，女人最应该完成的就是老老实实地待在家中等候丈夫、教育孩子的任务，至于是不是拥有自己的职业和事业，这些都不是一个女流之辈应该考虑的问题。

如此的理解，正好与陈香梅歌颂奉献的女性的伟大和独立背道而驰。

客观来讲，陈香梅遇到的军嫂夫人并不算那个时代的特例，相反，她们的表现和行为是当时最普遍，也是最常见的女性视角的体现。小的时候，她们被教导以传统的妇德，长大后，她们又在丈夫视野下生活，并以此作为最重要的人生内容。

应该说，从西方社会传进来的理念并没有完全与她们隔绝，那些被前行者们提倡的新观点，或许她们也听得进去一二，但并不是所有人都有冲破牢笼和禁锢的勇气，所以不是所有人都能像陈香梅一样敢于在一片从未有女性涉足的领域里抛开世俗的偏见，并找到自己的位置，努力地为它奋斗。所以她们也只能停留在上一辈规定好的生活秩序里，像一头已然习惯了原地打转的驴一般，在盖住眼睛后，安心而认真地绕着永远无法移动的圆点不停地前进。

当她们在聊天中攀比自己丈夫的能力时，陈香梅用自己的语言文字记录下中国的每一天；当她们在为男人的喜好而拼命努力时，陈香梅用她的笔触书写了自己客观又不迎合的思考与观点；当她们因为东家长和西家短而沉溺于各色各样的八卦新闻时，陈香梅却自己和描写国内外最新局势的新闻捆绑在一起，成为一个真正与时代同行的人。

孟子曾用"燕雀焉知鸿鹄之志"的命题描述了思想境界和思维高度不同的两类人之间的差别，而这恰恰是陈香梅这一类堪称时代先锋的女性，与旧时代女性之间差异的最好描写。

在昆明的日子，陈香梅是快乐的，因为她能在自己喜欢的行业里找到自己的价值，所以，虽然工作很繁忙，任务很危险，但只要自己的文章能在中央社播放，陈香梅就感到无比的欢欣。那是一种对她的付出和能力的肯定，也是对自己独立思考的认同。从这个意义上讲，她不是依附任何人的浮萍，而是自己能生根发芽，能享受自己头顶阳光的人。她的尊严在事业的成就中被肯定，自己的心情也不再是某个人愉悦与否的陪衬，而是发自内心的最直接的感受和体验。

而这，正是事业对于女性的意义所在。多年后，当陈香梅宣传妇女解放，以女权运动的使者身份来到中国，男女平等的观念早已深入人心，女人也开始在社会上有了自己的地位并以此寻求自己在新时代的价值。

这是时代的进步，也是社会发展的必然结果，虽然它的到来经过了漫长的时间，在某些落后贫瘠的地方它仍然不能肆意绽放，但和百年前相比，如今的情形已然进步了许多。

看着众多女性像自己一样，在事业里找到属于自己的快乐，陈香梅感慨万千。因为女性地位观念的转变最终体现的是一个民族的思想和文明的进步。我们在为时代赋予女性的权利中感到愉悦的同时，更应该感谢像陈香梅一样敢于冲破传统、做出榜样的革新女性，因为，正是她们用自己的力量证明了女人的能力，并由此撕开封建制度的口子，才为后来的女性提供了紧随其后、发奋向上的可能。

昆明，春天的家

"昆明"，这个词的出现可以追溯到两千年前司马迁撰写的《史记》，但惊鸿一瞥的记载里，这个词的身世依然扑朔迷离。在众多推测里，最令人信服的解释便是：昆明，也许是远古时代某个少数民族的特殊称号，而这个城市也因为居住在这里的他们而得名。

那么，一个如此"容易被遗忘"的地方究竟是何时才开始兴盛发达起来的呢？答案，便是陈香梅所生活的民国时代。

清末，当船坚炮利的帝国主义打开中国大门的时候，原本闭关锁国的中国人不得不在一场场失败的战争中开始寻求变革和维新的可能。即便关于革命和变法的先驱们被蛮横无力的清朝政府追捕、迫害，但更为先进的科学技术与生产方式却还是不可阻挡地顺着海岸边的通商口岸进入了中国沿海地区。而中法战争后，这些来自异国却与时俱进的新鲜玩意儿，又从路上口岸慢慢深入腹地，最终到达云南昆明，这个"偏远"的西南城镇。

1884 年，标志着昆明近现代工业开端的昆明机器厂正式成立，紧接着，造币厂、制革厂、官印局、电报局、邮政局等机构也如雨后春笋般一一崛起。在全新的生活理念传来的时候，人们虽然好奇，但不久便欣然接受了。到陈香梅经过艰难的逃亡到达昆明时，这里早已摆脱了贫穷落后的局面，人们的生活也开始与外面的世界慢慢靠拢。

作为与法国殖民地越南接壤的地区，昆明受到法国侵略者的袭击在所难免，但当"七七事变"后，日本侵略者对中国发动最大规模进攻时，昆明却因为位置偏远而成为相对安全的大后方。

应该说，昆明的平静多少有点"因祸得福"的味道，原本以为偏远的"短板"，在战时一下成了其他城市不具备的优势。但这一点，却正好造就了飞虎队和中国空军发展的重要条件，"驼峰航线"从这里出发，这条强气流、低气压，飞行环境极其恶劣的输送通道成为中国抗战的重要依托，通过它，大批量的战略物资和战斗人员被源源不断地输送到抗战前线。而陈香梅也因此在这里找到了自己和姐妹们春天的家。

在接到父亲的来信后，陈香梅的姐姐陈静宜接受了飞虎队的邀请，成为空军基地的医务人员，而陈香梅和妹妹们则在陈纳德的关照下，从重要的空军基地桂林前往飞虎队的大本营昆明居住和生活。

在父亲的嘱托下，陈香梅和妹妹们的日子因陈纳德的照顾而比流亡时好上许多。空军的副官们时不时送来的父亲托寄过来的衣物和包裹让姐妹们不用忍受寒冷的考验，定期汇来的生活费也让她们不用受冻挨饿。每天，陈香梅和妹妹们都在简单的早餐里开始新的一天，陈香梅到中央通讯社上班，妹妹们到学校里上课，一切都像回到了当年在北平时的太平时光一般。

无怪乎陈香梅见到陈纳德时会有惊讶的神色，因为在素未谋面的日子里，陈香梅将陈纳德想象成如同父亲一般老态龙钟、呆滞古板，但真正见到他的时候，那种扑面而来的清爽健朗却让她眼前一亮。

不久后，陈香梅和姐妹们便接到了父亲的安排，他希望姐妹几人能在陈纳德的安排下，经由印度飞往美国旧金山。在众姐妹为之欢呼的时候，陈香梅考虑到国家的危亡和自己作为战地记者的使命，毅然放弃了这样的机会，留在了昆明继续报道国内的战事新闻。姐妹们虽然有些不舍，但因为知道陈香梅倔强而独立的个性，而不再强求。

没有了姐妹们的家，陈香梅感觉有些孤单，但是想想逃亡路上那些破损的房屋和因为战争而支离破碎的家庭，陈香梅的内心还是感到满足的。每天，她依然早早起来，然后在各色各样的稿件中度过繁忙的一天。虽然也会疲惫不堪，甚至筋疲力尽，但陈香梅的内心却异常充实，因为能和战斗英雄们并肩作战，她感到无比的骄傲和自豪。

此时的毕尔还没有和陈香梅分手，他是陈香梅最亲密的依托。然而，异地恋终究难以维系，渐渐稀少的通话次数，陈香梅感到了两人精神世界的不同，而毕尔又何尝不是。陈纳德和陈香梅的爱情，那是几年后他们在上海重逢时才开始的故事，此时的陈将军和陈香梅仅仅是采访与被采访者的关系，如果非要加上更为亲近的关系，那么陈纳德也只是陈香梅父亲的好友而已。

但是，远在贵州的毕尔还是感到了隐隐的危机，这份危机来自于他对陈香梅工作性质危险性的考虑，更来自于他对陈香梅的了解。毕竟，一个骁勇善战的英雄的魅力对一个从小就缺少父爱的女孩儿来说，其吸引力显然十分巨大。

思想独立又崇尚男女平等的陈香梅在业务上从来都有着一股不服输的精神，只要能去的地方，再苦再难她都要全力以赴。但就是这样一份令陈香梅感到幸福的事情，毕尔却不以为然，相反他不明白堂堂的中央通讯社为什么要让一个女人来完成这样的工作，随便找一个身体强壮的男人代替陈香梅都是轻而易举的事情。

"北斗兼春远，南陵寓使迟，天涯占梦数，疑误有新知"，李商隐的《凉思》三言两句道尽了这两个身处异地、心神各一的年轻人的生活状态和精神世界。每次，陈香梅欢欣鼓舞地讲述着自己最新鲜的工作体验的时候，电话那头传来的定然是让她放弃的规劝。

应该说，毕尔的想法并不算过分，毕竟在那个尚未完全实现男女平等的年代里，女人的最后归宿都是回归到家庭相夫教子。作为新时代的青年，毕尔自然不会将陈香梅束缚在狭小的闺房里，但和轻闲安全的工作相比，四处跑现场的战地记者工作还是没法让他安下心来。

终于，最后的分手不可避免地到来了。那场在上海的相遇与其说是久别重逢，不如说是最后的见面。这对曾经以为一见钟情而造就浪漫故事的金童玉女因为思想环境和工作氛围的差异早就对注定的结局有了预感，所以，当毕尔说出"再会，各自珍重"这句话时，陈香梅并没有感到意外。

"放心，我会照顾好自己的。"简单明了的语言背后，是陈香梅的坚强和从容，虽然泪流满面，却并没有像其他分手的女人一样，为了挽回一场已然成空的感情就进行歇斯底里的咒骂，相反，陈香梅用她豁达的心态和理性的行动回应了这个曾经在她生命里完成"初恋"命题的与众不同的男人。

多年后，当陈香梅和毕尔在上海虹桥机场无意中碰面时，彼此的人生都已经在各自的轨道上前进了很远。作为陈纳德的妻子，陈香梅与建筑师毕尔的见面为的是虹桥机场的航站楼事宜，公事商谈之后，他们并没有提及私人情感的话题，但那股过往慷慨释然的情感却流淌在彼此心间。

关于陈香梅和毕尔的分手，思想意识上的分歧自然是最主要的原因，但在那场旷日持久的侵略战争里，生命尚且朝不保夕，谁又能说坚守不住爱情的人就是错误的呢？

虽然再也没有收到从贵州传来的消息，但陈香梅却并没有感到沮丧或者绝望。因为她知道，自己还有很多事情要做，她也知道，独在昆明的她并不孤单，因为这座与春天同义的城市不止是她一个人的家，更是千万战争难民共同的家。

遥远的梦

关于爱国，自古文章诗歌都已做出了详细而形象的描述，或喜，或悲，或高雅，或通俗，无论何种表达特点，这些字里行间透出的属于一个民族和国家的特殊情感都能激起读者内心深处强烈的共鸣。

作为外交官的后代，外祖父和父亲长期的国外生活经验和对国际关系的评判让陈香梅从小就有了对爱国主义最直接的体验和感受。当年在东南亚的经历和见识，又让她知道了国土沦丧和民族被殖民是怎样的一种悲哀。

那种侵略者酒池肉林的奢靡享受和本土百姓饥寒交迫的痛不欲生形成的强烈对比，在震撼人心灵的同时，更给人警示和提醒。半殖民地的中国与全部沦为帝国主义属地的其他国家相比，其优势虽然只是"五十步笑一百步"的可悲愉悦，但存在于国人手中的地区还是带给整个民族反抗和重新崛起的可能与希望。毕竟，只要还有太阳就不怕乌云蔽日，因为乌云终有一天会被驱散，阳光也将重新洒满每个人的身体和心间。

　　而这，正是陈香梅执意留在中国的原因。

　　在父亲的关照下，陈香梅六姐妹获得了前往美国躲避战争、长期居住的机会。在太平已经成为奢侈品的战乱年代，如此机会不得不说是上天的眷顾和恩赐。无怪乎当姑娘们知道了这个消息后会欢呼雀跃，因为一路的逃亡早让她们心有余悸，虽然昆明的安定已经算是十分不错的归宿，但每天战报频传的时段里谁又能保证战争的硝烟不会降临昆明的上空呢。

　　那一刻，陈香梅并不在妹妹们身边，其余五姐妹的情绪似乎可以看出要前往美国，但陈香梅的看法和态度却让这六朵一同患难的金花选择了两条截然不同的道路。

　　没有争吵，没有辩论，陈香梅向姐妹们阐述了自己不愿意前往美国的原因，其他五人并没有感到特别，或是意外。一直以来，陈香梅都是以敏锐思考和特立独行而与众姐妹不同，她对于中国战争的担忧和对普通百姓的关切也符合她作为战地记者的职业道德与立场。

　　在昆明的时光里，陈香梅亲自报道或是听闻周围的同事讲述最新战局的新闻时，都会为这个国家的命运捏一把汗。若是捷报自然皆大欢喜，若是伤亡或战败的消息，陈香梅便会在伤感中对民族的未来充满担忧。

　　1900 年，八国联军的队伍强横地闯进了圆明园，将中国历代人民全部智慧创造的美丽付之一炬。熊熊的烈火燃烧了三天三夜，那种侵略者的嚣张气焰在火苗的肆意蔓延中化成一个民族苦难的灰烬。书本上的记载虽然没有影像记录那样清晰，但陈香梅却能体会到其中蕴含的"蚀骨之痛"。

在香港的时候，英军无能力的抵抗和轻而易举的投降让她体会到家国之间那薄如蝉翼的距离，一旦国家没有能力抵御外敌，直接暴露在敌人视野里的家庭便没有依靠，接踵而至的是无休止的流浪和逃往，生命和灵魂在疲于奔命的时间里成了恐惧的祭品。

流亡路上，陈香梅在村庄里见到的惨状和在路上看到的难民遍野的场面都让她对这个国家的苦难有了更深的体会，那份揪住心魄的痛刚开始无法找到正确的解释，直到重新拿起纸和笔记录中国前方的战争和后方的生活时，陈香梅才意识到自己心中早早种下的是对这个国家发自内心的爱。

大姐静宜还想劝说妹妹一同前往美国，毕竟父母不在身边，作为姐姐她有必要为妹妹的前途考虑，但是陈香梅的坚决却让她再难继续将自己的想法灌输下去。姐姐点点头，担心之余，只能默默祈祷陈香梅能在自己选择的道路上平安无事，而她所能做的就是在大洋彼岸和父亲与妹妹们一同为这个拥有男儿一般家国情怀的女子做虔诚的祈祷。

同样是名门之后，陈静宜从小便接受来自外祖父的爱国主义教育。当她看到自己的国家在敌军的轰炸中满目疮痍，她的内心自然也会有难言的痛苦。然而，和个人的安危相比，她更觉得应该给自己找一个安全的出路。这一点其实无可厚非，毕竟人天生就有趋利避害的特性，只是在姐妹俩如此的对比下，陈香梅的勇敢和大义便自然而然地凸现出来，她放弃了唾手可得的安逸生活，心甘情愿地留在战火下的中国，用自己的笔触记录抗战的进程，也与全体军民共进退。这种决定不是一时冲动就能做出的，它是陈香梅内化的爱国情操和民族大义凝结成的光亮，也是她能成为六姐妹中，甚至是中国女性中少有的耀眼之星的原因。

战局越来越紧张，日军在多次遭受飞虎队的攻击后，对美在华的空军基地进行了更加疯狂的攻击。昆明也因为敌人的报复变得不再安全。当载着亲人的飞机在昆明机场起飞时，陈香梅成了真正意义上的"孤家寡人"，但这对她来说并不可怕，因为在她心里，万千中国民众正与她站在同一个时代背景之下，他们虽然没有血缘上的关系，但同胞义、手足情却足以让他们在这样的兵荒马乱里寻找到最真挚的情感作为慰藉。

渐渐地，陈香梅的笔下除了骁勇善战的将军，那些在后方为生活奔波的人们也开始出现在她的文章里。无论是趁着偷袭的空隙出来做生意的小商贩，还是一边考试一边提防着轰炸的学生们、无论是在废墟上用耐心和毅力重新播种的农民，还是不惧战火勇敢地孕育后代的母亲，都成为陈香梅笔触里最生动的角色。

是的，战火就在身边，但关于和平的梦想却从来不曾离开。也许，一枚从天而降的炸弹就能让不切实际的梦灰飞烟灭，但人们内心对和平的渴望却不是枪林弹雨所能埋葬的。

一个民族，在面临前所未有的打击和侵略的时候，奋起抵抗是勇敢坚强的举动，而反抗期间仍然保留着的对生活的热爱和渴望更是令人震撼。船坚炮利或许能摧毁木石砌成的建筑，但却无法炸毁人们的意志。这一点，无论是在上阵杀敌的战士身上，还是在街市上为升斗米奔波的市井小民身上都体现得淋漓尽致。

而这正是陈香梅最感动的地方。

过去，我们的民族和国度曾经以最先进、最富庶的姿态出现在世界历史中，无论是大唐盛世还是宋朝的繁荣，无论是元朝极大的国土范围，还是明清那令世界为之倾倒的大国魅力，都如雨果说的那样，是人类历史上绝无仅有的智慧和精彩。时代的前进让这个曾经辉煌的国度以最惨痛的方式完成了成长的涅槃，但从不轻易言败的中华民族却没有因此而萎靡不振。

　　多年后，当这个庞大的族群以强者的身份重新站在世界舞台并期待着新一轮伟大复兴的时候，那些沉淀在陈香梅笔下的时代人物和历史成为了值得铭记的警示，它在告诉世人当年的人们如何在战争中挣扎的同时，更让我们珍惜眼前来之不易的和平与繁荣。

第四章

只愿君心似我心

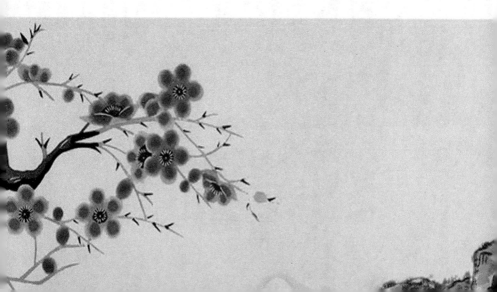

偶然的采访

关于爱情，一千个人有一千个定义。它可以是风花雪月时的浪漫邂逅，可以是日久生情的那一刹那；可以是人约黄昏后的羞涩，也可以是月上柳梢头的等候；可以是盈盈一水间的思念缱绻，更可以是相看两无言的含情脉脉。

它可以带来一场突如其来得令人措手不及的造访，也可以带来一场缘分牵系的重逢。前者，说的是陈香梅和毕尔的一见钟情；后者，则是陈香梅和陈纳德的剪不断的千里情思。

在昆明相识后，陈香梅与陈纳德在各自的生活上独自前行，没有过多的交集，也没有绯闻出现。对陈香梅来说，陈纳德只是一个值得敬仰的国际友人，一个值得新闻传媒关注的大人物，而对陈纳德来说，陈香梅也只是一个做过他专访的特殊女孩儿，更多的关系是她父亲与自己的友谊。

战争结束后，陈纳德按照美国政府的要求回到自己的国度，陈香梅与众人一同为他举行的送别仪式也是充满浓烈官方味道的那种。离别的那天，陈纳德坐着为他安排的专用汽车前往机场，但路上欢送的民众却将这段本来不算太长的路堵得水泄不通。陈纳德下了车，和所有的人一一握手后，才带着他对中国的依依不舍离开了。

从那以后很长一段时间，陈香梅再也没有和陈纳德单独联系过，即便是在父亲的信件中，她也再未提及这位新闻场上的旧相识。一切似乎在陈纳德归国的时候画上了句号，陈香梅也在结束了与毕尔的恋情后，打算重新找寻属于自己的情感归宿。

但是，命运就是那么不可思议。

当他们沿着不同的人生路线在一个全新的城市——上海重逢时，爱情以不可捉摸的魔力完成了这两个看起来本不可能在一起的人物的融合，而一段跨越了年龄、种族和地域的爱情也以此演变成了世人传颂的佳话。

从昆明分社到上海分社，对陈香梅来说既是职位的提升，又是个人能力的证明。同在一个科室里的人只有陈香梅获此殊荣，而这也是她能成为中央社著名记者的原因。

当时的上海，拥有众多的一线新闻，和昆明相比，这里关于社会名流和政府高官的采访要多出许多倍，陈香梅的工作也自然繁忙了许多，但是对她来说能有机会用自己的语言记录下身边正在发生的中国历史，就算再辛苦也是值得的。

十里洋场，灯红酒绿，那个纸醉金迷的城市里爱情几乎成了奢侈品，然而，就是在这里，陈香梅和陈纳德之间彼此尊重和欣赏的感情化成了涓涓春水，在滋润心灵的同时，将沉寂已久的爱情涟漪拨弄开来。

说不清互生爱意的具体时间，但在上海的一次偶然访问却是他们爱情的新起点。那场新闻发布会里，陈香梅只不过奉了中央通讯社的要求前来报道大新闻，谁知却意外地见到了重新回到中国组建中美合作的航空公司的陈纳德。

熟悉的感觉扑面而来，重逢的喜悦成为一场情感的开端。虽然在场的人有很多，但两人怎么也谈不完的话题，却让周围的一切在彼此的影像里黯然失色。

那是一种久别重逢的畅所欲言，更是一种共同经历了战争之后的高谈阔论。对那场过去的战争，他们有太多共同的回忆可以陈述，对于战争结束后的局势，他们又有太多一样的见解。虽然，这一次陈纳德来中国的目的与上次相比轻松了许多，但关于中国局势的分析和见解仍然对陈香梅这个时事记者有着极大的吸引力。

在中国，她有很多新闻界的同事，也有很多朋友能对中国的现状做出独到的分析，但是陈纳德这种跨越了东西方界限、经过岁月沉淀的特殊视角却总能从另外一个角度把问题分析透彻。

听着他的话，陈香梅不知不觉地入迷了，那双本来就纯净的眼睛，因为认真而显得格外动人。刚开始，陈纳德的讲述似乎有些官方，毕竟在如此官方的场合他一下还难以转换成私人聊天的模式，但奇怪的是，和陈香梅才聊了一会儿，他竟一下轻松了许多。眼前的陈香梅如同一个学生般如饥似渴地吸收着老师的经验和见解，陈纳德也在这样的关注中找到了继续下去的动力，他越讲越开怀，越讲越自在，直到他被眼前的美目打动内心的一瞬间，才发现，那个在昆明因为采访失败而哭泣的小姑娘，如今已经成长为落落大方的魅力女人，而自己则在不知不觉中成为了她的俘虏。

理智在不经意间闪过大脑，陈纳德告诫自己不应该对眼前这个好友的女儿有非分的想法，但当他的眼神重新落在这个女孩清澈动人的眸子里时，一切理智的想法都成了无用的道理，那些关于辈分、国家和民族的阻碍统统在爱情降临的瞬间消散如烟。

或许，陈香梅也曾一样说服过自己，不要将这种莫名的崇拜变成爱情，但陈纳德身上散发出来的理性和客观却对她有着难以言表的吸引力。如果说初恋的时候，对毕尔英俊和帅气的外表的迷恋是陈香梅年少的体现，那么如今的她对陈纳德的痴迷，所体现的却是一个女人成长后的理性的选择。

经历了战乱，此时陈香梅需要的是一个能在思想和意识上与她共进退的男人，或许那些年轻的外表会给人心动的感觉，但长远的时光里，那种流淌在意识里的思想却是长久相处的重要基础。

对于中国的现状和发展，陈香梅有自己的见解和理念，如果找到的另一半未经世事，对所有的问题都存在天真幻想，那么陈香梅对另一半的教导或许要比她自己思考疲倦很多。从这一点上讲，陈香梅选择陈纳德其实是选择了他与众不同的思考，而这也是后来陈香梅得以在政治领域里站稳脚跟的重要原因之一，因为陈纳德带给她的不仅仅是他对东方问题的看法，更是一个西方人的视角和一种来自西方的思维方式。

现今世界里的多元化发展早已成了再正常不过的社会现象，人们在掌握一样技能的同时，常常也会对另外的知识有所了解、涉猎，但这样的想法和经历在当时的民国却并不被人们重视。

清华四大国学导师里，陈寅恪因为知识的渊博和善于旁征博引被誉为"国学命脉的传承者"；建筑学奇才梁思成也因为善于解读建筑背后的历史典故和知识而成为众人推崇的大师。在那个思想碰撞的年代，有志之士在将眼界放到国外的同时，对所处行业的知识也做了必要的扩展，这种融会贯通的能力创造了学术上的辉煌，也成就了众多文学大师。

同样的，在新闻行业里，陈香梅也一样因为学识的渊博和视野的开阔成为难得的优秀记者，这些能力为她后半生在美国的政治生涯提供了十分必要的思维基础。当她和陈纳德自然而然地走到一起时，她的眼界和视野得到了更好的扩展。每每遇到一个崭新的新闻事件或是社会现象，她都会先用东方的思维做思考后，再套用西方人的观点做分析，以此得出两者的异同点，从而提取出与众不同的评论观点与新闻价值。

有一次，陈香梅因为应酬过多而胃部不适住进医院，陈纳德在知道了她的病情后，赶忙前往医院探望。才进门，陈纳德就被满屋子的花惊呆了，他询问陈香梅花是哪里来的，陈香梅告诉他是陈纳德的司机替他赠送的，同时，还不忘调侃这位"老实巴交"的外国人。

她笑笑地看着陈纳德，满脸娇嗔地说："我还没过世，就想用花海把我葬了吗?"陈纳德听了陈香梅如此的抱怨，既觉得好笑又觉得不忍，只好吩咐司机从今以后再也不能送花到陈香梅的病房里了。

　　这是一件小事，是情人间的玩笑，也是陈香梅用中国的习俗和外国人的习惯开的一个玩笑，但从这件小事却不难看出，东西方的文化观点早已在陈香梅的思维里融会贯通，她随手拈来的调侃既是她对异国风俗的了解，又是对东西方日常习惯中所存在的差异的思考。

　　多年后，陈香梅成为中美两国打破坚冰之后的民间使者，她的衣着打扮、行为举止和政治言论，在符合中国人审美标准的同时，也备受美国人民的喜爱。从肯尼迪到克林顿，连续八届美国总统都对陈香梅青睐有加。关于亚洲的问题，这些人物竟不约而同地愿意倾听一个来自东方黄种人世界的女人的言论。与其说这是一种巧合，不如说这是一种被智慧和思考折服的趋同行为。

　　在冷战时代的对立里，来自不同阵营的人们极少对对方的文化表示出赞同，毕竟，在政治面前，一切不合时宜的欣赏都可能导致政见支持者们的离去。所以，面对这样一个在不同阵营间游刃有余的女子，我们不得不佩服她的胆识和魄力，因为正是她对双方文化和观点的深入思考才让她处理好这些问题的同时也受到双方的认同和尊重。

　　历史或许无法记住一个往返于不同国度的普通游客，但人民却会铭记在国度邦交过程中付出努力的人。对于中国人来说，陈香梅是将本国文化传递到异邦的使者，对于美国人来说，陈香梅是拉近他们与大洋彼岸关系的重要纽带。而她融会东西的思考方式和独特视角，也因此成为华人世界里的一道亮丽的风景线，至今仍为人称颂与赞扬。

情系中国

如今在中国，会讲汉语，热爱中国文化的外国人不在少数。他们虽然长着一副与众不同的面孔，但心里却对中国文化表现出了肯定和认同，甚至自愿为中华文明传统文化的义务代言，以此让越来越多的人喜欢这个拥有五千年历史的文明古国。

这是世界的进步也是民族的融合，曾经那种人种至上的观念随着经济的发展渐渐地成为被遗弃的糟粕，在时代前进车轮的碾轧下成了灰烬和废墟。然而，这种现代人看来理所当然的关于种族平等的观念，在百年前却是难以想象的存在。

当一个民族被另一个自认为高出一等的民族侵犯的时候，炮火下的呻吟并不能换来他们的同情和怜悯，相反，那种因为失败而求和的心态更给了侵略者们理所当然的自大和傲慢。他们用俯视的眼光轻蔑地看着被他们蹂躏的民族，而后用近乎残酷的手段对手无寸铁的人民进行殖民统治，以此彰显他们所谓的"先进"和"强大"。

这种盲目的扩张，在加剧种族和国度间矛盾的同时，将暴力冲突和战争硝烟带到了世界的各个角落。每一张混入不同国家的异族面孔都像是仇恨的代言，人们带着复仇的心态咬牙切齿地看着异族人，内心的偏见和愤怒也无处不在。

好在，一切都有例外。

当剑拔弩张的情绪主导整个殖民时期氛围的时候，一些打破侵略种族异族人偏见，以平等的观念善待其他民族的友人，用他们的实际行动站在被侵略者的立场对惨无人道的屠杀和轰炸大声说"不"。而这其中，最为人熟知的除了来自加拿大的医生白求恩，另外一个便是来自美国的飞虎队英雄陈纳德。

从昆明出发，漫长的"驼峰航线"在克服人类飞行极限的同时，为抗战一线输送了大量的战略物资和作战人员，这条空中通道，在打破敌人封锁线的同时，也为中国的飞行事业培养了大量的人才。在真枪实弹的洗礼中，中国的年轻人们在这个外国老头的教导下，开启了属于自己的，也是民族的航空之旅。

他们可能是刚刚毕业的学生，可能是从别的战场调来的士兵，可能从来没听过飞机为何物，也可能从来不知道这个长着翅膀的庞然大物能在战争中做什么，但陈纳德的悉心教导却让他们一跃成为中国航空飞行史上最早的一批飞行员。

那时的训练非常艰苦，条件也因为战争的缘故不是十分完善，有时只听了几节课的学生们就要带着问题直接飞上云霄，在敌人的炮火中寻找飞行的真谛和答案。每天，飞虎队的成员连续不停地飞行三四个班次，休息的时间短得连一口水都来不及喝。但这丝毫不影响他们完成任务的决心和勇气。看着金发碧眼的国际友人为了中华民族的和平如此努力，身为中华儿女的士兵们自然得奋勇向前。

战争是最真实的课堂，同时也是最短暂的课堂，生命在突如其来的任务面前如同走钢丝一般，随时都可能终结在未知的某一瞬间。为了将飞行任务顺利完成，无论是讲课的老师还是听课的学生都会全神贯注地投入所有精神，并以此实现作战经验和奋战精神的双重继承。

在陈纳德的众多学生里，有资格也有能力学习飞行的人并不多，虽然很多人都对此充满好奇和热情，但在陈纳德看来，在飞行领域没有天赋的人上飞机对国家和民族都是一种伤害。每期招收飞行员，陈纳德都会婉言拒绝一部分学生，他直截了当地对应征者各自的性格或身体缺陷做出裁决。虽然让人一时难以接受，但却是保证战时航空事业的必要条件。

多年后，一名在商业上功成名就，却曾经被陈纳德拒绝的飞行爱好者与陈香梅相遇时，第一句话便是感谢陈纳德当年的拒绝。因为，当他的人生阅历足够丰富的时候，他深切地意识到，倘若当年不是陈纳德拒绝了自己，那么当年的他可能会因为性格上的缺陷而机毁人亡，如今取得的成就也便无从谈起。

听到这样的话语，陈香梅的内心并没有多大的起伏或感动，因为在她看来，陈纳德总是那么睿智和聪颖。虽然，陈香梅并没有亲耳听到陈纳德关于对这名学员的判断，但她相信自己丈夫的判断，也为独具慧眼的丈夫感到自豪。

在陌生人眼里，陈纳德是来自异国、懂得飞行的国际军人，在学员眼里，陈纳德是有点耳背却十分严厉的老师。然而，在陈香梅眼里，陈纳德却是一个会讲中国话，懂得中国哲理又能将中国习俗了然于胸的"中国通"。他的言谈举止和客观判断不但赢得了中国人的青睐，更征服了一个崇尚智慧的中国女人。

在中国的传统文化里，诚恳与实事求是一直为人所推崇，和浮夸的言语与花哨的伎俩相比，这种发乎内心又合乎客观规律的为人处世之道，更能突显人性智慧的魅力。陈纳德和陈香梅的交往过程中，那种因为年少轻狂而信誓旦旦的诺言或许并不是主要的基调，但一个成熟男人的可靠和诚挚却让这段感情在那个年代的中国更显得有沉淀感。

或许，每天他们只是就中国问题做各种各样深入的交谈，但智慧的碰撞却给了陈香梅无穷的灵感。她能感受到眼前这个男人对中国的关切，也能体会到他和自己一样拥有一颗渴望世界和平的心。

茫茫尘世中每个人对世间万物的思考都是不同的，能找到与自己有相同见解的人，更是难能可贵。在传统的中国文化里，知音总是那么让人着迷，它在拉近人与人之间距离的时候，也让两个人的心灵找到共鸣。

陈香梅与陈纳德的知音之情虽然不会有古琴相伴，但三杯两盏淡酒却必不可少。微微醉人的酒香里，陈纳德将多年来对中国的情感抒发出来，陈香梅在他抑扬顿挫的言语间听到了一个西方人对东方文明的倾慕和赞许。

正如陈纳德喜欢的桥牌一样，中国思维和中国智慧让陈纳德欲罢不能。敌人的狂轰滥炸能摧毁这个国家地面上的建筑，甚至连民族的延续都受到了极大的威胁，但陈纳德却在这个民族对战争的灵活应对中看到了它的倔强和坚毅。

四大文明古国以同样的光芒闪耀在世界历史长河中，最终得以留存的却只有中华文明这一脉。千年前使用的文字依然在使用，数百年前定下的规则还在规范着人们的生活，是什么力量让这个世界上最庞大的族群得以延续？这个问题在陈纳德来到中国前一直是个谜，直到这个和中国人民一同作战的将军亲历那场让这个国度几近覆灭的战争时，才真正体会到什么叫作生生不息。

爱情，与岁月无关

在惯用的语言搭配里，和爱情最契合的通常是"盲目"二字，因为在它的领域里，理性从来都会被感性击溃，即便是冷静沉着、理智淡定的人，也无法阻挡内心情感的迸发和那双眼睛所锁定的方向。

那种判断和决策都派不上用场的情景，听上去有些挫败，有些无奈，但奇怪的是陷入爱情的人都会心甘情愿地成为这种场面下的俘虏，因为它其中隐含的心动和甜蜜，是那么令人着迷。

从古到今，多少英雄难过美人关，多少豪杰拜倒在石榴裙下，想要在爱情的迷雾里清醒地分清方向，本身就有些强人所难，豪气冲天的英雄尚且未能做到，更何况是文弱纤巧的女子。

对于陈香梅来说，陈纳德的出现并不算意外，但与他成为爱情里的眷侣却是她从未想过的。昆明初见时，陈香梅对陈纳德感情可以用尊敬来形容，这种尊敬不是年幼者对年长者的谦卑，而是一个因为战争落荒而逃的人对英雄的崇敬。

每个人的心里，总会有那么一个人，虽然名声显赫，与自己相隔千里，却总能以最亲近的身份在夜阑人静时出没心间。

那时的陈香梅，脑子里萦绕的都是工作的内容，对情爱二字并没有太多的时间去理解和体会，即便与毕尔异地相恋，却也没能占据她生活的大部分时光。到后来，陈香梅和毕尔分手，这个坚强独立的女孩儿更是将自己的全部精力放到新闻事业上，并最终获得了绝无仅有的前往上海工作的机会。而她对陈纳德的情感，也在那个时候开始，从遥望的憧憬变成了伴有脸红心跳味道的爱慕。

作为上海新闻界的翘楚，陈香梅显然是众多显赫人物交谈中的"名角儿"，她的眉目虽然不是江南女子的柔弱模样，但性格上的独立和善于思考的个性却给了她异于他人的独特魅力。

当时，陈香梅刚刚结束一段恋情，到上海也没有什么熟人，所以经常来往的只有上海新闻界的几位女同事，但她采访的对象却多是上海乃至中国最著名的政治、金融人物。

这一天，陈香梅按照工作安排到中央信托公司采访聂光坻，原本平淡无奇的采访却因为陈香梅无意中流露出的风姿而变成了一场相亲。

原来，陈香梅这次采访的对象聂光坻是上海滩有名的万人迷，他精明能干、成熟深沉，虽然妻子与他离婚许久，他却从未有过不良的绯闻或传言。上海滩大家闺秀众多，面对聂光坻这样一个"钻石级"的王老五，她们自然跃跃欲试。

聂光坻知道自己很容易博得女性的好感，但是，曾经受伤的他并不想再次沦为婚姻的奴隶，所以对自己的第二次婚姻也十分谨慎。然而，陈香梅的到来却打破了他的禁忌，这个原本冷静的男人，一下对新一轮的爱情生活充满了憧憬。

在还没得到陈香梅确切态度的情况下，聂光坻开始了他的猛烈攻势，不但亲自到公司楼下等陈香梅下班，还时不时地前往陈香梅的外祖父母家中做客拜访。年轻的陈香梅并没有对聂光坻的行为有多大的感觉，一直以为聂的到访是对廖凤舒长久以来的憧憬之情，但久经世事的廖凤舒却深知聂光坻的来意。

等他走后，廖凤舒笑着问陈香梅，这像不像是一场相亲，在一旁安静地收拾茶杯的陈香梅被外祖父的一句提醒惹出了满脸的红润。一下子，她突然明白聂光坻的来意，与此同时一起升起的，还有她莫名其妙地对陈纳德的思念。

外祖父的话还在继续，陈香梅的脑子被方才的念想占据着，一时没能完全听进去。她奇怪自己为何会突然有这样反应，更奇怪这个早已离开中国的男人为何会突然成为自己心跳的原因。

是因为当时在昆明时候他对自己关怀备至吗？可聂光

坻这段时间的呵护也并不逊色呀。

是因为陈纳德在战争中的骁勇善战吗？可战争已经结束，将军也回到美国了，怎么还会对他的作战风度念念不忘呢。

陈香梅有些不解，更有些心慌，曾经熟悉的关于恋爱的心跳节拍再次打起，她突然发现自己对聂光坻毫无感觉的另外一个重要原因竟是她对陈纳德的想念。

原来，不经意间自己的眼神早已停留在另一个人的身上，即便周围熙熙攘攘，内心的直觉也能让她快速地将他定位出来。

原来，自己的喜怒早已被另一个人牵动着，他的眉眼和笑容能让她心花怒放，他的蹙眉深沉又能让她暗自神伤。

原来，自己看似独立的行为其实早已跟随另一个人的评判而动，即便是微乎其微的细小举动，也能在他的鼓励或赞许里得到放大的满足。

相比嫩芽一般的情窦初开，陈香梅第二次的心动更像是春天里绽放的花蕾，虽然同样毫无征兆可言，爱情的植株却早已枝繁叶茂，只等一场春雨的到来和催化。

杜甫在《春望》这首诗里，曾用"感时花溅泪，恨别鸟惊心"的句子表达了他触景生情的体会，恰到好处的描写和叙述中，人们感受到心情与环境间那种不可思议的微妙关系。佛家说，相由心生，人眼所看到的景色虽然也有陶冶心情的作用，但大多数时候，对景色的喜恶却由心而生。而当陈香梅认识到自己关于陈纳德的那份心思时，上海这座城市便开始变得不一样起来。

每年，春天都会伴着淅沥沥的小雨造访这座城市，陈香梅习惯了春雷的轰鸣，却终究不能忍受春雨的连绵不断。那种连绵不断的雨，像极了陈香梅对陈纳德绵绵不绝的思念。虽然远隔重洋，但她还是希望大洋彼岸的陈纳德能重新回来中国，哪怕只是见上一面也好。

但战争已然结束，陈纳德又怎么可能重新回到这个曾经的战场呢。思绪及到此处，陈香梅的内心不由得笼罩上一层灰黑色的失望。雨还在下，她呆呆地看着蓝天，眼神里满是忧伤。

曾经与陈纳德同在昆明的日子对当时的陈香梅来说，并没有特别的感受，但当她来到上海时，一个人的生活里便有了孤独的味道。

十里洋场，灯红酒绿，刚刚从清朝的封闭中探出脚步的民国时代，名媛和交际花成了人们竞相追捧的对象。一个个娇媚动人的身影在向男人们展示新女性文化的同时，也将浓烈炽热的女郎气息带入了那个变革的时代。与封建社会里女子的唯唯诺诺相比，敢爱敢恨的妩媚女子自然让人们耳目一新。但，那是一个融合的年代，在这两种极端文化的女子中间，还有一种处于中间位置的属于知识女性的情感表达方式。

这种方式在承接了旧时女子矜持的基础上，以自由为阳光，在属于它的天空下绚丽绽放，虽然委婉含蓄，却自由浪漫。它像冰天雪地里初始溶解的第一缕春水，干净、纯粹，小心地勘探着脚下的路程，又义无反顾地向前流淌；也像清晨刚刚破土的春笋，细嫩、洁白，认真地挺着饱含绿色和希望的身躯，奋不顾身地向上生长。

陈香梅对陈纳德的爱慕，不是因为欲望的膨胀也不是因为名利的驱使，更多的是陈香梅对依靠和爱的渴望。在中国，陈纳德有家室的消息并不是秘密，陈香梅自然也知道，但她从来没想过要强行闯入别人的生活，尽管她对爱情浓烈而炙热，但她却绝不愿意拿别人的幸福祭奠自己的感情。

好在，上天对陈香梅的感情还是眷顾的。就在她不知如何消解自己内心的愁绪时，已然离异的陈纳德到中国发展民航公司的新闻成了占据各大报纸头条的重磅炸弹。陈香梅盯着报纸上这个熟悉的男人的照片，心里不由得响起了古人关于爱情最莫测的评论——有缘千里来相会，无缘对面手难牵。

后者，自然是她与聂光坻的有缘无分；前者，则是她和陈纳德的天赐良缘。她感谢上天的恩赐，更庆幸自己没有在等待中草率地决定了自己的终身大事。

　　然而，她不知道的是，早已远离战场的陈纳德重新选择回到中国，最重要的原因，正是陈香梅这个令他魂牵梦萦的中国女人。

为幸福做主

　　关于幸福的模样，人们总是有自己的理解。但是，无论何种定义或解释，"紧紧抓住幸福"却是每个人面对幸福时的必然选择。

　　回顾陈香梅的一生，关于幸福的片段在年少的颠簸中并不算太多，那种因为双亲和战争的身不由己，让她从小就学会了用超越自己年龄的忍耐和勇气去面对生活和生命的双重挑战。

　　在遇上陈纳德之前，陈香梅的脑海中关于幸福的定义是简单的。对她来说，让她念念不忘的幸福只是与母亲相处的短暂时光，只是在香港为数不多的安宁日子，只是遇见毕尔时的怦然心动，只是长途逃往后方的粗茶淡饭。然而，陈纳德成为她生命中必不可少的一部分时，她关于幸福的定义便扩展到了爱情带来的长相厮守和心灵相通。

　　在包办婚姻遇上兵荒马乱的年代里，能找到知心的人并不容易，而能让知心的人也同样爱上自己，那更是难能可贵的事情。年少时，陈香梅不能体会母亲的郁郁寡欢，更不知道为什么步入婚姻殿堂多年的父母会有陌路人的感觉。遇上毕尔时，陈香梅知道父母缺少怦然心动的瞬间，遇到陈纳德时，陈香梅更知道父母缺少的是思想意识上的协同和心灵深处的共鸣。

不同的生活经历让陈香梅的父母没能形成一致的人生目标，平常的对话中往往难以寻找到共同的话题，但陈香梅和陈纳德却不同。不用千言万语，有时仅仅是用某个词汇起了话头，两人的交流便滔滔不绝。

和母亲相比，陈香梅是幸运的，因为她不用像母亲一样奔波便在故土找到了千里而来的知音。如此可遇不可求的经历让陈香梅倍感珍贵之余，更坚定了自己要为幸福做主的决定。于是，在那个与"异族"通婚仍然是天方夜谭的环境里，陈香梅用自己的聪颖和可爱为这段并不为人们看好的婚姻起了个头。

作为清朝年间出生的人，祖父母虽然一直都以洋派作风闻名，但对于外孙女与一个年长她30岁的美国男人谈对象的消息，年事已高的二老仍然需要一个接受过程。想到外祖父拉长的面孔，陈香梅的害怕可想而知，她迟迟不肯将陈纳德这位"男朋友"带回家也是出于对外祖父母感受的考虑。然而，爱情越来越浓烈，陈香梅在被感情宠溺的同时，内心关于婚姻的渴望与日俱增，毕竟，作为女人，她也希望能在亲朋的祝福下步入婚姻的殿堂。

于是，找到一个适合外祖父母与陈纳德的见面方式成了陈香梅最重要的事情。

为了了解外祖父母的心态，陈香梅每天都腻在两位老人的身边，看似若不经意的撒娇，其实却是"别有用心"的试探。在交谈中，陈香梅知道了外祖父母的兴趣爱好，也知道了他们对自己婚姻对象的期望与要求。在知道了外祖父母同样喜欢桥牌游戏的时候，陈香梅立刻安排了一场基于"桥牌"的攻陷作战计划，以此安排陈纳德华丽登场。

那一日，陈纳德整装待发，才进门便将一束漂亮的玫瑰花送到了邱雅琴的面前。外祖母面现惊讶，陈香梅却在一旁帮腔。那副"误以为"鲜花是送给自己的模样看上去楚楚可怜，但外祖母意外收到鲜花的惊喜却让整个会面的气氛变得轻松而愉快起来。

紧接着，陈纳德又展开了对廖凤舒的"进攻"，除了尊敬地称呼他为廖大使，在打桥牌的过程中，陈纳德也不失时机地给这位着急赢牌的"小老头"放水。好几次，陈纳德有赢牌的机会，但为了"顾全大局"，他还是装傻充愣地将机会让给了廖凤舒。廖凤舒在陈纳德的"协助"下，华丽地赢得了这场桥牌的较量，而陈纳德也在不经意的桥牌游戏中成功地攻陷了廖凤舒的心。

外祖母对陈纳德同样没有不满意的地方，但是想到陈香梅结婚后要跟着他一同前往美国居住，邱雅琴的内心便有说不出的不舍。陈香梅感念外祖母对自己的疼爱，向她说出了自己婚后还将和丈夫继续留在国内居住的计划。邱雅琴见陈香梅和陈纳德如此打算，内心最后的犹豫也终于打消，对于陈香梅与陈纳德的婚事自然再没意见。

一直以来，廖凤舒夫妇对陈香梅的婚事并没有过分的操心，一方面因为他们对陈香梅优秀的能力十分自信，另一方面则是他们相信陈香梅一定能够以自己独到的眼光找到适合自己的另一半。两人对陈香梅婚姻"听之任之"的态度对于陈纳德来说自然是难得的好消息，但关于国籍的问题却成了最大障碍。

然而，和老人的态度相比，陈香梅的父亲和继母的反对却更加坚决，即便陈纳德已经成为廖凤舒心中外孙女婿的不二人选，陈应荣还是希望能将这段感情扼杀在摇篮里。

作为陈纳德的好友，陈应荣不好直接出面，于是妻子变成了他最好的帮手。好几次，陈香梅都被继母叫去谈心，日常饮食起居的关照下，继母更关心的是陈香梅何时能结束与陈纳德的这段感情。而这一点，冰雪聪明的陈香梅又何尝不知道呢。

童年的阴影让陈香梅对父母的爱情充满忌惮，她不愿意提及父母的过往，更不愿意重复到如此的不幸之中。对父亲，陈香梅的感情是粗浅的，说她对父亲十分尊敬有些言过其实，但已然习惯了独立思考的陈香梅定然不会听从父亲和继母关于爱情和婚姻的安排。

然而，陈纳德却并不这么认为。

作为一个男人，陈纳德对陈香梅的爱是成熟而完整的，他不愿意自己深爱的人受到任何伤害，也不愿意自己对陈香梅的感情因为缺少来自父母的祝福而有所缺憾。于是，他便用加倍的耐心和细心去对待陈应荣夫妇，以此换得他们对自己的理解和赞同。

为了能约到陈应荣夫妇见面，陈纳德派自己所在航空公司的飞机前往迎接，为了能让他们的上海之行过得舒畅，陈纳德又定了上海最贵的酒店客房给他们居住。钱财虽然有些耗费，但为了能和心爱的陈香梅光明正大地在一起，一切的付出都是值得的。

可惜，尽管陈纳德如此真诚地对待陈应荣夫妇，陈香梅在父亲那里得到的仍然是否定的答复。

陈香梅耐着性子和父亲争论，双方僵持了许久，却并没有很好的解决之道，陈香梅垂头丧气地将这个结果告诉陈纳德，这个坚毅的男人竟一副意料之中的模样。

陈纳德轻抚着陈香梅的头发，眼神坚定地主动请缨，陈香梅不知道陈纳德还能有什么法子，内心对他的成功也不抱希望，但陈纳德诚恳的眼神让她无法拒绝。

她不希望陈纳德到父亲那里碰一鼻子灰回来，但自己尽力无果，让陈纳德试一试也未尝不是个办法。她点点头，答应了陈纳德亲自出马的建议。然而正是这个没抱希望的打算终于成全了陈纳德和陈香梅的爱情，一场举世瞩目的恋情成为至今都被人们称赞的旷世奇缘。

在陈香梅的回忆录里，我们看不到陈纳德说服陈香梅父亲和继母的话语，甚至连陈香梅自己都不知道陈纳德到底是如何完成这场艰难的任务的，但能让陈应荣改变主意的定然是陈纳德对陈香梅的真情。毕竟，陈应荣也是见过世面的人，他的想法并不是陈纳德用一两句单纯动听的承诺就能改变的，能让他改变主意，肯定是陈纳德发自内心的爱。

终于可以光明正大地和所爱的人在一起生活，陈纳德内心的喜悦自然无与伦比，但考虑到陈香梅和父亲之间尚未正式达成一致，陈纳德特意安排了陈香梅和父亲一同到西湖游玩，以期在活跃的气氛下将终身大事谈妥。陈香梅觉得陈纳德的想法有些道理，便答应了整个安排，陪同父母一同到杭州游玩了几日。

父亲再次见到陈香梅时，内心关于婚姻的反感和气愤早已消散了许多，但让他满脸笑容地答应陈香梅与年长30岁的男人之间的婚姻，却仍然有些难度。

陈香梅知道父亲作为男人和长辈的尴尬，便不再紧逼，只平静地随同父亲一起泛舟西湖，借着湖光山色消融父女之间的隔阂。碧水青山间，层峦起伏的山势因为水波的荡漾而柔和了许多，翩翩飞翔的鸟儿展翅遨游的姿态像极了陈香梅急切希望拥抱幸福的心情。

作为父亲，陈应荣又怎么感受不到女儿长大后的心里变化呢，看着这个嘴角微微上扬的姑娘露出幸福的微笑，陈应荣与这个女儿内心的隔阂也在欣慰中渐渐融化。他给自己找了个台阶，声称自己迟早都要出使古晋（今马来西亚沙捞越州首府），所以对陈香梅的婚事也不是太过介意。陈香梅听到父亲说出这样的话，心里高兴之余，又怎么不知道这是父亲拿公事给自己找借口呢。

很长一段时间，陈香梅对父亲都没有太多的感情，加上母亲去世时父亲的杳无音信，更让这个独立的女孩对父爱有了不适的感觉。而这也是她为何对父亲的反对无动于衷的原因。然而，当今天父亲同意她的婚事时，陈香梅突然意识到，自己竟是那么渴望父亲能肯定自己的婚姻大事。

或许，这就是亲情的奇妙所在，它虽然没有像一条长长的丝线一样牵住父亲和自己，但到了人生的关键节点，这种早已融化在身体里的渴望却仍旧如约而至。

这一刻的陈香梅是感动的，她的眼角有些湿润，但很少哭泣的她还是习惯性地将自己的感情隐藏在心里。她猛然明白了父亲对自己婚事的拒绝并不是因为对自己的反感，而是对自己未来和幸福的担心。当他确定了陈香梅选择的对象能带给她期望中的安全和幸福的时候，他的放手和释然正是他放心的表现。

有了来自至亲之人的祝福，陈香梅的婚姻伴随着欢乐如约而至，那种因为世俗的眼光而产生的忐忑不安在众人的掌声和教堂的钟声中被满满的幸福感所取代。陈香梅挽着陈纳德那双刻满岁月沧桑的手一同走上期待已久的红地毯，从此成为这个男人生命中不可或缺的一部分，而这个男人也因此成为她在这世上最值得信赖的依靠。

作为那时少有的国际婚姻，陈香梅和陈纳德的牵手，不仅将两个人的心紧紧地捆绑在一起，也为两国的邦交创造了来自民间的希望。在今后的时光里，他们虽然分属不同的国籍，但内心渴望和平的想法却从来不曾改变过。而这，恰好为中美之间的交流和往来提供了另一种和谐和友好的方式。

穿越时空的婚礼

每个女人都有自己关于婚礼的幻想，无论是过去敲锣打鼓的大红嫁衣，还是素白如雪的西式婚纱，只要和浪漫的爱情相结合，它就能成为女人们无法放下的梦想。虽然并不是所有人都能因为水晶鞋和南瓜车成为王子中意的对象，但结婚时许下的诺言，却能让女人感觉到自己是身边男人这一生最重要的人。当然，现实和幻想终究有差别，婚姻的美好感觉也许会被生活的坎坷和不幸所覆盖，但那种源自梦想和憧憬而发出的喜悦就成为少女美梦的支撑。

年少时，陈香梅在母亲的讲述中知道了爱情是怎么一回事，遗憾的是，母亲的婚礼并没有多少值得讲述的浪漫。然而，这丝毫不妨碍陈香梅内心对婚礼的渴望。在香港时，陈香梅曾无意中见到街上橱窗里摆放着的雪白婚纱，虽然只是初见，但那种萦绕在婚纱上的幸福感却一下蹿入她的内心，成为挥之不去的梦想。

遇上毕尔的时候，这种关于婚姻的梦想在爱情甜蜜的滋润下开始萌生。可惜，战争让理想至上的两人分道扬镳，陈香梅和婚纱的距离也因为与毕尔分手的缘故有所拉长。好在，上天并不是吝啬的角色。在陈香梅重新开始寻找爱情归宿的时候，陈纳德来到了她的世界，并最终成为那个为她戴上戒指的男人。

作为舶来品，戒指如今已经成为每对新人必备的结婚物件。虽然它所象征的画地为牢的内涵脱胎于西方宗教和神话故事，但其精神内核却和中国传统文化中的忠贞品质不谋而合。相伴一生的人需要彼此珍重、相濡以沫，唯有如此，婚姻才能持续久远，社会也才会在稳定中得到发展。而戒指所象征的，正是这样的精神和向往。

当教堂的钟声响起，陈香梅戴着白纱，成为世界上最幸福的新娘。父亲、继母和外祖父母站在两旁，身穿中将军服的陈纳德郑重而认真地将那枚镶嵌着钻石的戒指放在陈香梅的手上，陈香梅在如此庄严的氛围里落下了难得的泪花。

民国初年，年纪颇大的官僚绅商妻妾成群的不在少数，但类似陈香梅这种妙龄女子因为自由恋爱的缘故与年长之人结为夫妻的故事却仍然算在特立独行的行列里。明末清初，柳如是与钱谦益因为彼此欣赏对方的才华而结合的故事令很多人感到不解，而两百年后，陈香梅毅然嫁给外国"老头儿"的消息更是让人瞠目结舌。

为了不张扬，陈香梅主动将婚礼的规模缩小到最低，但这样的举动依然逃脱不了陌生人对她的指指点点。有人说，陈香梅崇洋媚外，为了能成为洋人不择手段；有人说，陈香梅忘本，竟将老祖宗的东西全都抛在脑后。然而，这些流言蜚语却并不能阻挡陈香梅拥抱陈纳德的决心，因为她知道，自己与陈纳德的结合表面上看似乎是自己出国心切，但真正影响她感情的却是陈纳德对中国人民的情意眷恋。倘若当时陈纳德和飞虎队没有来到中国，倘若陈纳德只是代表美国军方的一个官僚将军，那么陈香梅无论如何也不会和陈纳德走到一起，因为，她需要的不是一个了解外国人民生活的引导者，而是一个懂得中国人民需求的知音。

而这一点，在陈香梅与陈纳德的生活中得到了印证。

作为美国人的媳妇，陈香梅并没有跟随丈夫一同前往美国定居，而是同丈夫陈纳德一起留在了中国，为中国的民航事业的发展贡献自己的力量。

起初，外祖母担心从小看到大的小外孙女因为远嫁他乡而离开自己，谁知这个姑娘婚后竟然和没结婚一样，仍隔三差五地到外祖父母家中看望，甚至到后来，廖凤舒因为政局的变化而迁居香港的时候，陈香梅和陈纳德还特地带着女儿将住所迁到二位老人居住的房子附近，以此对老人悉心关照。

每个人物都会被流言蜚语困扰，人们闲暇之余难免对一些新闻人物做出不真实的评判，倘若消息漩涡中的人们太过纠结于别人的看法而丧失了过好生活、坚定信念的动力，那么人生的可贵就被流言蜚语湮灭了。

陈香梅遭受到了无聊人关于她人品的评说，更为严重的是，陈香梅这个从来都视国家和人民的利益高于一切的进步女性，竟受到了关于爱国情操的无端"指责"。这是一种妄言，更是一种诽谤，但是陈香梅在气愤之余却用自己的自信和微笑对这些流言蜚语做出了回应。

或许是做过记者的缘故，陈香梅对待任何事情都讲究"真凭实据"四个字，所以，那些人们臆想出来的天方夜谭式的评论听上去似乎凿凿有据，但仔细琢磨却经不起任何推敲。所以，陈香梅对这类谣言如何澄清并没有太在意，因为她相信，终有一天，时间和历史一定能给出最客观、最合理的解释和辩驳。

结婚当天，陈香梅穿上了上海著名服装设计师、法国绿屋夫人为她亲手缝制的、独一无二的婚纱，楚楚动人的眼神在姣好容颜的衬托下，显得格外动人。一千朵白色的花朵按照陈香梅的设计依次摆放在婚礼现场，人花两相映的场面里，陈香梅显得既超凡脱俗，又圣洁而纯真。人们常说，女人一生中最美的时刻是成为新娘的那一瞬间，但回顾陈香梅的一生，源自人格的魅力却始终贯穿着她的一生，并让她的生命绽放出独一无二的灿烂与辉煌。

在她担任中央社记者的时候，那种超越女性自身勇气的气度和来自女性视角的独特剖析让她成为一名优秀的战地记者。当她卸去记者的职位，到陈纳德旗下的航空公司任职的时候，她那全力以赴将中国民航事业向前推进的精神又感染了周围一同工作的人。作为陈纳德的妻子，陈香梅一直都在思考中美邦交的方式方法，到后来她成为美国白宫信赖的智囊团成员，她仍然在考虑如何通过自己的努力为两个国家的共同发展贡献自己的力量。

第五章
何当共剪西窗烛

女人的角色

女人，是多面的，她们以万花筒一样绚烂的姿态在复杂的人世间行走，并依靠或优雅，或坚韧，或可爱，或纯情的内在品质，理所当然又游刃有余地承担着生命赋予她们的不同角色。

而作为女人中卓尔不凡的一个，流淌在陈香梅记忆里的故事在记录着她事业上的成功的同时，也写下她作为一个女人的鲜活和浪漫。

那场庄重的婚礼以后，陈香梅握着陈纳德的手走进了向往已久的家。以往的经历让陈香梅经历了长达十九年的流浪。虽然那样的年月让陈香梅练就了与众不同的能力，

　　然而，这毕竟不是令人感到幸福的、愉快的经历。就像名贵的沉香一样，越是昂贵越是要在沉香树经历多次破损以后才能凝结出来这世间无人能抵挡的香气，陈香梅也是如此。陈纳德对她爱恋之深，可能有时候连他自己都未曾想到，但他就是这样无法抗拒地陷入了对她的眷恋，无关政治、无关立场更无关利益，仅仅是纯粹的、真诚的爱情。

　　从应邀来到中国开始，陈纳德就一直住在公司的房子里，婚后，陈纳德意识到要给陈香梅一个真正意义上的家，他们就不能住在原来的地方，需要置办一个属于自己的家。位于上海虹桥美华新村精致的别墅成了他们考虑的对象。那是一栋英式别墅，郁郁葱葱的草坪、相互映衬的花木、流动而自然的颜色搭配、红砖铁艺中包裹着的坡屋顶、老虎窗……这充满韵律和美感的一切都彰显着庄重和古朴，陈香梅被这样的景致所吸引。

　　然而，身为一个家庭的女主人，陈香梅深知个人喜好与家庭搭配之间的关系，所以，这些昂贵的房屋虽然她十分中意，但价格需要她进行理性的思考。然而，这一切都逃不过陈纳德的眼睛，或许是自己这位可爱的妻子流连忘返的脚步，或许是陈香梅无意中提及的缘故，又或许是陈香梅眼中不经意间流露出来的欢喜，陈纳德的心中暗暗确定了他们爱巢的选址，不过他并未第一时间告诉陈香梅。

　　1947 年的圣诞夜，陈香梅和陈纳德一起与来访的客人们谈笑欢声。圣诞节了，家中堆满了来自各位亲戚、朋友送来的礼物，西方传统的节日里有着和东方人一样强烈的辞旧迎新的期盼和祝福。朋友们兴致很高，直到夜深才离开，此时陈纳德和陈香梅坐在客厅里小憩，他们为彼此准备了一份圣诞节礼物，但碍于客人众多，无法相互馈赠，此时恰是最好的时机。

在陈香梅准备向他递上圣诞礼物的时候，陈纳德抢先挑开了话题，他告诉陈香梅先让他把礼物送给妻子。陈香梅自然是没有意见的，一直以来，她都对于陈纳德敬重有加，如今成了他的妻子，出于对他的爱，陈香梅更是遵循他的意见。陈香梅微笑地看着眼前这位爱人，充满好奇地期待他婚后送出的第一份圣诞礼物。

陈纳德拿出一个盒子，盒子并不华贵，只是用淡黄色的绸缎包裹在外，然后系上红色的丝带作为装饰，这样的一个并不大的盒子在陈纳德那双宽厚的掌心中安静地待着，仿佛在等待一个主人去开启它。陈香梅看到这个小盒子，心里充满欢喜，这样的造型很容易让人联想到项链、戒指之类的首饰，其实陈香梅心里知道，不管陈纳德送什么给她，她都会满心欢喜的。

她接过陈纳德手中的小盒子，小心翼翼地将它打开。此时陈纳德凝视着妻子，心里开始幻想妻子会是怎样的神情，盒中之物他自然了如指掌，此时唯独让他充满期待的就是陈香梅会是如何反应。

显然，面对这样一份她从未想过的礼物，陈香梅一时间有些吃惊。原本以为是首饰的想法在打开的那一瞬间被一把躺在里面的金钥匙给取代了，这把钥匙正是她十分中意的虹桥美华新村美华五号的门钥匙。陈纳德还别出心裁地在里面附上了一张卡片，上面写的话至今读起来都能感到满满的爱意："送给我亲爱的小东西，连同我完整的爱。"看着眼前这位可爱的"小东西"，看着她流露出来的惊讶，陈纳德微笑着，眼中充满了爱意，他在圣诞节给予陈香梅的这份惊喜果真没有让她落空。

随后，陈纳德夫妇住进了美华五号，对于陈香梅来讲，这个地方远离尘嚣、清幽安静，是她理想的爱的天堂。婚后两人忙于工作，但也有不少温馨的时刻。陈纳德和陈香梅会每天早上起来去看日出；在屋后的园子里，夫妻俩种上了花果蔬菜，当然，这并不够日常所需，但却是一种可爱的情趣；夜晚来临，他们会手挽手踩着园子里的月光散散步；偶尔还会邀请几个好友赴家中玩玩牌、听听音乐……这样的日子令陈香梅感到舒适、温暖，而她也更加确信，从认识陈纳德开始她的人生便完美了不少。

一直身处乱世的陈香梅似乎习惯于用自己的坚强去支撑起生活的残酷，虽然她的身上散发着知性与气质，这些地方足以吸引众多的目光，但作为东方女性，她在家中还可以是一个柔美的妻子，如果说对陈纳德的采访让她的智慧得到了展示，那么从成为陈纳德夫人那一刻开始，她骨子里的东方女性的特质便被爱情极好地激发了出来。

陈纳德是在美国南方出生的，虽然来到中国这么多年，但家乡的味道始终令他难以忘记。陈香梅知道家中的厨师未必能做出符合他胃口的菜肴，于是她决定自己学习，亲自下厨以满足丈夫的味蕾。所以当陈香梅后来随陈纳德回到美国南方时，陈香梅便向许多太太求教，在这方面陈香梅也是聪明而贤惠的。

她将从其他人那里学来的技巧牢记于心，又虚心地听取了来自陈纳德的一些指点，很快，她便成功地做出了陈纳德啧啧称赞的美食。后来，陈纳德在家中的饮食几乎全部由陈香梅来负责，而他对此也十分满足，并且乐于称赞陈香梅的厨艺高超，如果去开一家专门做美国南方地区口味的餐厅，一定十分受欢迎。面对陈纳德如此褒奖，陈香梅则幽默地回应他，家中的亲友太多了，恐怕把店给吃垮了。玩笑中，夫妻之间爱意浓浓。

此时的陈香梅已经完全进入了一个女主人的角色，而且扮演得很出色。关于爱情，男人为女人做的也许可以有很多表现形式，可以是豪宅名车，也可以是为爱在外闯荡，但女人对爱情的表达有一种通常的习惯就是将自己的生命溶进对方的生命中，以一个女主人的身份料理爱人的生活，这对于女人来讲也是一种幸福。

在家庭生活中，女人往往更喜欢去维持家中的秩序，无论是家庭成员的日常起居，还是家中细物的安置摆放，女人都会更加讲究和留意。在陈香梅的家中，同样是由她来安排家中的各项日常事务，陈纳德常常询问妻子的意见。陈纳德也有一两样拿手的菜品，比如红烧鱼、炸子鸡、烤牛扒，很多人吃完都赞不绝口。不过，这些菜品背后却有着他和陈香梅的"约法三章"，那就是陈纳德每周只能进一次厨房，并且菜品的食材、烹饪的工具都要由陈香梅来安排，因为他在此之前如"大闹天宫"般的做饭场景曾让身为妻子的陈香梅头疼不已。

五十多岁的陈纳德依旧像一个运动健将一样热爱着各种运动项目，在网球场上他敏捷矫健，还精力充沛地组成了一支棒球队。即便如此，陈香梅还是十分记挂他的健康，经常叮嘱他不要抽太多的烟。陈香梅知道，吸烟是他多年养成的习惯，一时难以改变，但作为陈纳德夫人，她有责任也有义务关注他的健康，这一点让她时刻不忘提醒丈夫少吸烟。

从走入婚姻起，陈纳德就对她提了两个要求，这两样是陈纳德希望妻子永远不要改变的，第一件事就是希望陈香梅继续做一个中国妻子，第二件事情就是希望她永远保持美丽窈窕的身姿。

　　"窈窕淑女，君子好逑。"对于陈纳德来讲，眼前的妻子美丽而动人，优雅而充满魅力，这份上天赐予的美好，他想永久地保留着，其实是深爱着陈香梅的另一番表达。而对于陈香梅自己，她也愿意用自己时刻保持的风采以示对丈夫的尊重和爱意。于是就有了后面我们所能见到的一直风姿绰约、光彩照人的倩影。正所谓"女为悦己者容"，能为深爱的人装扮红妆是许多女人们梦寐以求的幸福。

　　而对于第一个要求，永远"做个中国妻子"，则是对一个女人品德的要求，其内涵就是希望妻子能与西方女人有所不同。西方世界中的女性十分强调与丈夫之间的平等，而且会将精力更多地放在管理事务上。相比较而言，东方女性更多地以家庭为重，她们懂得在适当的时间表达自己的意见，避开与丈夫之间的正面冲突，给予他们充分的尊重和主导权，在不屈中做出明智而理性的让步。这看似简单和平的局面其实是需要智慧的。

　　显然，陈香梅身上具有这些优秀的品质，她在许多问题的处理上都给予了陈纳德极大的尊重。熟悉他们夫妇的朋友们有时会开玩笑地问起家中谁是主导，此时陈纳德会很习惯地指出，如果妻子不在时，他可以是主导。面对丈夫表现出来的谦逊，陈香梅同样虚心地指出，其实在他们中间，真正的领导者并不是她，而是陈纳德，因为没有他的加入，这些一切的一切都将无戏可做。

陈香梅与丈夫的伉俪情深在当时已经是大街小巷之中的典范，虽然他们来自不同的国家，民族、年龄甚至是宗教信仰也不同，然而，他们的爱情却比多数讲求"门当户对"的人们幸福许多，家庭要美满许多。而他们的爱情也成了当时各大媒体争相报道的内容。

封面

在杂志和封面被各类娱乐明星占据的时代里，那些用色彩和光线打造的封面故事似乎只属于铺天盖地的"八卦"新闻。但多年前，能上封面占据别人视线的却是成就斐然的时政明星或是新闻人物，在渴望和平的战火中，来自他们的消息更能获得人们的关切与注意。

对于陈纳德来说，成为万人关注的对象并不是新鲜事，多年的战斗经验让他成了聚光灯下最闪耀的军事明星，他也懂得如何在媒体的注视下用最得体的方式表达自己的观点，表现自己的姿态。但是，陈香梅对此却一窍不通。

虽然，充满智慧的陈香梅一直用思考和文字详细地记录着发生在自己身边的时政要闻，但她却从来没想过自己有一天也能像陈纳德一样，成为杂志封面上那众人瞩目的角色。

而这一切，都要从那张猝不及防的"偷拍"照片说起。

　　一九四七年的冬天，鹅毛大雪如期而至，在临近圣诞节的前四天，陈香梅和陈纳德这对深深相爱的异国情人在冲破了宗教、文化、民族等千山万壑的阻碍之后，两颗心终于在寒冬拥抱在了一起。对他们来说，这个冬天虽然同样银装素裹，但内心却不再寒冷。

　　结婚的第二天，中美各大报纸关于他们的报道便如同窗外下不完的大雪纷纷扬扬、从天而降，原本不愿劳师动众，只想安安静静地办完婚礼的两个人一时间成了当时最热门的话题。

　　媒体闻讯赶来，陈纳德只好将这个"不愉快"的消息告诉了陈香梅，作为新晋的"陈纳德夫人"，陈香梅虽然不愿意太过张扬，但最终还是答应了陈纳德一同应对媒体采访的请求。

　　在亲友们的笑声中，陈香梅与陈纳德手挽手出现在众人面前，出于仪式，他们充满爱意地亲吻了对方。陈香梅还有些紧张，但丈夫的亲吻让她获得了直面媒体的勇气，然而，她还没从亲昵中回过味来，镁光灯的闪烁便将这一幕留在了历史的相册中。而一张名为"陈纳德亲吻东方美人陈香梅"的照片也因此成了圣诞节期间人们竞相传阅的焦点。

　　三个月后，关于陈纳德夫妇婚姻的话题依旧热度未减，次年春末，《新闻天地》杂志报道了他们最新的情况，作者将文章的题目定为《女记者与飞虎将军的婚事》，内容更加详细地介绍了陈香梅嫁给陈纳德的这一段异国之恋，更重要的是他援引了陈纳德的话，将他们之间如胶似漆的爱恋展示给了人们："如今他们已结婚三个月了，他们都感到非常幸福，陈纳德常对人说：'我数十年来如今才尝到真正的快乐!'"

陈香梅对于自己婚后的角色有着清晰的定位，事实上，在当时的社会甚至是今天的社会，能明确自己在婚姻中应该如何平衡婚姻和个人发展的人都很难找到。陈香梅经常说，她与陈纳德之间不单单只有夫妻一层联系，从很多方面他们都有着不可分割的关系，因为陈纳德之于她是良师也是密友。东西方的文化差异让他们对于家的理解有着不同的观念。

西方人认为爱情在步入婚姻那一刻就失去了光鲜迷人的生命；东方人却认为婚姻的介入才是启动爱情神秘力量的开始。所以这些思维上本质的差异成了他们必须去面临的问题。然而，当很多人碰上这些束手无策的问题时，陈香梅却和陈纳德一道，比较完美地解决了这个问题。

因此，陈香梅不仅仅是陈纳德眼中的最佳伴侣，在他的亲友们看来，陈香梅也非常优秀。以前陈纳德懒于执笔，虽然他的亲友们关系融洽但也极少书信往来。而陈香梅的出现让他们深知陈纳德找了一个挚爱的人，并且将陈纳德放心地托付于她，相信她能极好地承担起他们的信任。

婚后的日子里，他们始终相敬如宾，爱在事业的相互促进中升华、在日常生活的点滴中蜕变。他们每日忙于各自的事务，但相互碰见时仍不忘起立相迎，每天早上互道早安，晚上互道晚安，从未间断。

陈纳德虽然在婚姻里提出了两点要求，一是要求她继续做一个中国妻子，二是继续美丽下去，但他却是一个极易相处的人。陈香梅一直以来做事都是雷厉风行、独当一面的女性，在爱人面前有时会依赖些，因此在生活中有时会有些急躁的表现。对此，陈纳德从未加以指责和批评，相反，他会笑着告诉妻子，中国人素以忍耐著称。听到这样的话，陈香梅不禁笑了，她心里知道，陈纳德对她的爱已足以融化她的一切情绪。

在陈香梅的婚后生活里，陈纳德的角色不仅仅是丈夫，在人生经历和个人成长中，陈纳德的影响都极为深远，小到一副桥牌大到人生感悟，他都很自然地担任起老师的角色。作为一种娱乐，陈纳德的桥牌技术很是了得，当时很多政要、名人都曾拜他为师。每次他和朋友们把牌而欢，陈香梅都只是坐在一旁观战，不会玩牌的她很想加入其中，无奈身无技艺，只好作罢。

也许细心的陈纳德看出了她的这份心思，于是主动请缨，当起了陈香梅的老师。陈香梅桥牌几乎是零基础的，这一点连陈纳德都有些吃惊。他是一位细致而又有耐心的老师，不仅仅因为陈香梅是他的妻子，本身陈纳德就是一个谦虚亲和、极易接近的人。后来，陈纳德又当起了陈香梅的驾驶老师，同样让陈香梅很快便学会了一项技能。

也许有人认为这些事情十分细小、不值得一提。然而，夫妇之间的生活就是这样的。陈香梅出众的能力能帮助陈纳德的事业，这一点在当时很多中国女人看来是十分了不起的。但是，生活的模样并不都是这样一本正经的，即使在兵荒马乱的年月里，人们也要洗衣做饭，这才是生活的底色。他们一同走过的十年婚姻生活里，在光芒四射的外交经历和高远的政治问题之外，更多的是朝夕相处和那些看似平常的琐事。即使是这些琐事，忙于事业的两个人还能挤出精力和时间来像普通夫妇一样去完成，更让他们这对恩爱夫妻的生活显得真实和充盈。

说起陈香梅开车一事，中间还有一段小插曲。那时陈香梅刚刚学会开车，技术虽然不甚娴熟，但是独自驾驶还是没有问题的。某晚，陈香梅起了看电影的兴致，于是打算开车去看露天电影。陈纳德素来不爱看电影，除了偶尔会陪同友人以外，其他时间都不前往。这天也是同样，陈纳德与妻子作别，看着她驱车离开便回屋了。

不过天公不作美，陈香梅在露台电影院看了不到一会儿就雷电交加。见大家都聚精会神地注视着屏幕，陈香梅也跟着安之若素，并没有折返的打算。正好那天是星期天，电影院又加演了夜场，因此当她回到家时夜已经很深了。

一进门便被家中的阵势吓了一跳，陈纳德正在和警察局通电话，请他们立即派员出去调查、寻找他的妻子。这一来，让陈香梅更摸不着头脑。原来，陈纳德早早就入睡了，一觉醒来发现外边风雨交加，而此时妻子尚未回来，于是他越想越忧心、越等越害怕，最终拨通了警察局的电话。

虽然是一出小小的笑剧，但陈纳德对妻子的担心和牵挂却一目了然。谁承想在战场上赫赫有名的将军，竟对妻子的安危如此担忧。爱到底有多深，有时候不是说一两句甜腻的话就能展现的，关键是在对方遇上困境、安全受到威胁的时刻如何表现。陈纳德的爱是真挚的、厚重的，他关注的不是自己身边是否有人陪伴，而是他深爱的那个人此时是否平安。能收获来自英雄的这份凝重的爱，对于陈香梅来讲是一生之幸。

这段旷世情缘，一开始并不被人看好，家人的反对、外界的质疑让这段婚姻一开始就引来了非议。然而，当很多人认为他们的爱情会因为民族、文化、宗教等因素的影响，在炙热之后就会褪去色彩时，陈香梅和陈纳德却用十年如一日的恩爱粉碎了所有的质疑。

有趣的是，当年陈香梅和陈纳德没有结为伉俪之前，他们之间更多地是因为采访工作而联系在一起，即使后来他们确定了恋人的关系，也极少会像当时的其他情人那样通过情书互诉衷肠。但婚后，因为战乱的影响，有一段时间他们不得不相隔两地，这时，书信成了他们联络的桥梁和互相慰藉的唯一来源。对于陈香梅来说，情书并非新鲜事物，当年她的追求者蜂拥而至，投递给她的情书何止千百，然而，在她的生命里，真正能让她发自内心为之动容的，唯有陈纳德此时以家书的名义寄出的那一封封情书。

陈香梅从未想过铁骨铮铮的将才竟能用如此温婉动人的笔触表达自己的情感，她不禁如实地向他表达了自己的好奇，并且告诉陈纳德，这样的情书是她始料未及的。而陈纳德的回答让人们更加深切地感受到了他对妻子的那份爱意。他并没有因为妻子的赞赏而滔滔不绝，只是温柔而坚定地告诉她，那只是情感的真实流露而已。而陪同陈香梅在战乱中一同遥遥思念陈纳德的，还有她当时腹中爱的结晶。

那一声啼哭

对于新婚夫妇来说，孩子的降临总是带着令人期许的感动。那种从生命原点出发的稚嫩与成长，伴随着笑容和眼泪记录着两个深爱对方的恋人前进脚步的同时，更记录着一个女人的成长与蜕变。

1947 年圣诞节，陈香梅与陈纳德筑起爱巢。那时，他们虽然工作繁忙，时局也同样的令人无法安心，然而，在上海虹桥的家中，他们却还能依偎着彼此寻找安慰。此时，他们开始计划自己的行程。陈纳德知道自己身上担负的工作是他心中极为重要的部分，然而他又对妻子的安危担心着，于是他建议妻子先行离开。

但陈香梅怎会答应。如今的她早已经和陈纳德融为一体，如果说丈夫担心她的安危，陈香梅又怎么会对丈夫的安危置之不理。尽管她知道陈纳德的安排有时并不能以她的意志为转移，但她还是不愿意就此离开，她尽量拖延自己的行程，以求与陈纳德多相守几日，日程安排从六月变成了七月。

到了七月，陈香梅发现了一些变化，而这变化就是他们的第一个孩子。为此，两人欣喜若狂，但又开始忧虑起来，因为当时的时局并不太适合安静地生产，这对陈香梅来讲是一个考验。

作为一个女人，在怀孕之时身体和心理本来就接受着一次严峻的挑战，正因为如此，很多女人一旦怀上了孩子就会将生活的重心转移到孩子上来，生怕有什么闪失，影响到孩子的安危。

陈纳德开始坚定地催促她动身离开，前往他们此前已经商定好的广州，那里受战火的影响相对小些，同时相隔也算不上遥远，既然非要离别，那就选一个朝夕可至的地方。

陈香梅虽然不愿同陈纳德分开，然而她现在别无选择。因此，她收拾好行囊准备飞往广州。

陈纳德为妻子亲自安排了这趟飞行，这样亲力亲为目的只有一个，那就是为了确保陈香梅的安全。不管陈香梅有多不舍，行期并不会因为考虑她的感受而改变，最终她还是面临着要与陈纳德分离的那一刻。

准备起飞的飞机早已在机场待命，旁边严阵以待的飞行人员告诉人们这次飞行将在不久后起航。一切似乎都在催促着离别，让这对深爱着的恋人本就不欢的心境多了几分烦闷。

陈香梅强忍离愁，没有让自己的眼泪落下，既然离别如此不美好，那么就别再让泪水浸透妆容，让美丽的脸庞留在彼此心中。

但是，深爱着的人往往无法如此理性，当陈香梅坐在飞机上，滑轮缓缓带动飞机前行、陈纳德在机舱外挥手示意离别时，陈香梅强忍的离愁终于决堤，眼泪止不住地往下流，这是他们婚后第一次分离，加上此时他们即将迎来一个小生命，本来更应该朝夕相处的两人却不得不咫尺天涯，想到这些，陈香梅心如刀绞。

陈纳德独自一人回到他们在虹桥的那个温暖的家，期待战事稍缓，他可以在繁忙而艰巨的民航工作中抽身前往广州，去看望他的妻子和他们尚未出世的孩子。

陈香梅来到广州，住所是陈纳德为她挑选的，比起上海虹桥那片乐土，这里最多只能算是容身之所。但环境的好坏尚是次要的，关键是陈香梅朝思暮想的爱人没在身边，这才是她始终怏怏不悦的根源。阿四作为家中的帮佣，非常尽心尽力，这在一定程度上缓解了陈香梅苦闷的心情。为了不让自己被思念之苦吞噬，陈香梅在到广州后不久就开始找寻工作的机会。起初还好，她并没有感觉有何不妥，但随着腹中胎儿的日益发育，种种怀孕期间的不适开始出现。

无奈之下，陈香梅只好在时不时请假休息、看病的情况下打消继续上班的念头。这样的决定显然是为了孩子而选择，但却让她不可避免地感觉到孤独。自从来到广州，陈纳德几乎是书信不绝，还常常来电话以解相思之苦，很多信件是陈纳德在换机时借着间隙写下的，有些是他在忙完了一天的工作后于静谧的深夜写下的，但无论如何匆忙、如何劳累，陈纳德的每一封书信都饱含着他浓烈的爱意，思念之情溢于言表。

在经过了三四个月漫长的等待后，十一月下旬，陈香梅得到了一封令她感到振奋的书信，陈纳德在信中写到，他计划在十二月圣诞节临时飞往广州，与她共度圣诞。这一条消息让陈香梅的心情舒畅了许多，犹如阴雨连绵的暗淡乌云中突然照进了一束阳光，让陈香梅漫无边际的期待开始有了明确的方向。

就在陈香梅反复憧憬的时候，陈纳德的书信突然少了，甚至一连十来日都杳无音讯。陈香梅开始有些慌了，于是她赶紧写信询问，好在不久，陈纳德来了消息。

来信的大致内容是告知陈香梅此前有所延误的原因，以及最新的战状，最主要的是告诉陈香梅，他计划十二月十六日飞往广州。这一句话比起任何礼物和问候都重要得多。得知陈纳德仍有飞广州的计划，陈香梅特意空出圣诞节，不再做任何安排。不过，陈纳德在信中所提及的情况让陈香梅有些担心他无法抽身离开。

果然，在圣诞节即将来临的前两天，陈纳德给陈香梅来了一通电话。电话那头除了依旧热烈的相思之外，最重要的是告诉她，由于时局所迫，陈纳德赴广州之约只能无奈地推迟了。

陈香梅在电话的那头禁不住哭了。从分离那一刻开始，她的所有坚持和支撑仿佛在此时失去了支柱，一切痛苦和离愁借着这份失望倾泻千里。的确，一个孕育着生命的女人本来就比平时要多愁善感，加上此时身体状况因为妊娠而有所下降，陈香梅确实渴望丈夫的爱抚。

　　听到妻子在电话那头泣不成声，陈纳德也十分心痛。他一边安抚她，一边找着办法哄陈香梅开心起来。他笑着说，陈香梅是最美丽的准妈妈，即便这样的笑话让她稍微忘记一些失落，但最终还是不得不面对独自过圣诞的寂寞。午夜，陈纳德给独身一人的陈香梅打来电话，虽然无法陪伴左右，但还是希望能用声音给她带去些许温暖和祝福。

　　天气渐渐冷了起来，南方寒冷而潮湿的天气考验着此时行动有些艰难的陈香梅。医生告诉她，孩子在不久后将来人世，询问她害不害怕。然而此时的她反倒显得镇定冷静起来，也许是即将当妈妈的身份让她变得如此。此时在她心中的想法，除了祈祷孩子平安出生以外，还有一个念头，就是在生产时，丈夫能出现在她的身边。

　　二月七日，虽然日历已经翻到了春天，但广州的天气还是十分寒冷。陈香梅和陈纳德的第一个孩子就在此时敲开通往世界的大门。此时的陈香梅是多么希望丈夫出现在身边啊！自从上海一别，至今将近十月竟无一面相见，作为女人陈香梅的坚强可见一斑。

　　临产前的阵痛让陈香梅开始不安起来，这样的不安不仅是身体上的，同时也是精神上的。她在期待丈夫的出现，期盼他陪着她、帮助她一同度过这从未经历的一切。然而，她所有的等待都没能如愿，陈纳德所乘坐的飞机因为引擎的问题，迟迟未能抵达。

等到疼痛开始变得剧烈的时候，陈香梅开始无法控制自己的情绪，疼痛中带来的哭喊让她无暇顾及其他，和很多母亲一样，陈香梅用生命难以承受之痛带领着爱的小天使来到人间。待到孩子出世啼哭的那一瞬间，筋疲力尽的她昏睡了过去。

在经历了沉沉的睡眠之后，陈香梅在陈纳德的轻声呼唤中缓缓地张开了眼睛。此时，陈纳德的笑容映入了陈香梅的眼帘，她禁不住热泪盈眶，为了这段日子以来的等待，也为了刚刚经历的过去。陈纳德亲吻了她，抚摸着她的头称赞她很棒，而后他又移步至小婴儿那里亲吻了这个崭新的生命。

温馨的一幕让陈香梅的内心感到无比的温暖，此前所经受住的一切不愉快也因此烟消云散。夫妻二人给这个可爱的小姑娘取名克奈尔·安娜，用的是他们各自的名字来命名。原本的二人世界变成了三口之家，生活的节奏和习惯也跟着改变了起来，这当中有欢乐，也有不少身为妈妈的烦恼。

妈妈的烦恼

婚姻中，那种长久的亏欠固然不可取，但偶尔一两次的遗憾却能让夫妻双方在微微的抱歉中感受到彼此的关怀和宽容。这样的情绪调节，仿佛春天里的雨水，虽然带来潮湿的不适感，却终究润物细无声地引发了嫩芽的萌生和成长。

未能及时陪伴在妻子旁边，让陈纳德在陈香梅整个住院期间都觉得十分不惬意。他轻手轻脚地走进病房，生怕吵醒困倦的陈香梅。不过此时的她却依旧沉浸在久别重逢和初为人母的喜悦中。

陈纳德握住妻子的手表现出极大的歉意。陈香梅知道他在烦恼、在歉疚，于是告诉他，这样的情形他也是无能为力，对此她十分谅解；陈纳德紧张的情绪得到了缓解。他们将目光移到刚出生的孩子身上，此时的陈纳德突然间父爱满满，他问了很多问题，并且笑着说孩子如此幼小又如此老气，神气了不得，这样的言辞让陈香梅感到十分意外，以往的钢铁战士如今像个孩子一般快活、可爱。一个温馨幸福的三口之家开始成为他们生活的常态。

孩子刚出生不久，就因为腹泻体弱在医院中度过了三周。几乎所有的父母都是一样的，从孩子出生的那一刻开始，担忧便随之而来。很多准妈妈在怀孕时总会有一种错觉，认为只要孩子一出生，所有的不适和担心都会随之消失，然而，事实上，孩子的出生并不是终点，一切责任、操心忧虑当然还有孩子带来的种种愉快才刚刚开始。

将军受命回到上海，陈香梅继续留在广州照看幼小的克奈尔·安娜。孩子从出生开始就一直在发脾气，显然她很不舒服，所以很难入睡。身为母亲的陈香梅对此非常忧虑，看到孩子如此痛苦，她多么希望这一切的苦痛都由自己来经受。然而，她能做的，就是在陪伴她的同时用坚强的心配合医生治疗。将军虽然频繁地来电，但所得到的答案都不是愉快的，这让他焦虑得很。

三个星期过去了，克奈尔·安娜依旧没有好转，医生给了陈香梅建议，让她把孩子带回去，以求通过更换环境来改善孩子的状况。这样的建议让陈香梅感到打击，仿佛是医生用另外一种方式宣判孩子的未来，她的心底充斥着失望，但此时除了祈祷，无能为力。

也许上天听到了她虔诚的祈祷，当陈香梅回到寓所时，她的大姐静宜正好归国。静宜对医学有所研究，正准备接受民航队护士长职位，此时，陈香梅犹如握住最后一根绳索，希望姐姐能留下来帮助孩子渡过难关。

妹妹的要求和此时的处境让静宜暂时放下安排，陪伴她照顾克奈尔·安娜，但是当静宜真正和妹妹住到一起时，她却发现，此时除了孩子的病情令人担忧外，初次当妈妈的陈香梅的精神状态也十分令人担心。

某一天，孩子因为饥饿而大哭大闹，陈香梅以为孩子的身体又不舒服便赶忙找来静宜，希望她通过药物给孩子减轻痛苦。静宜冷静地探了探孩子的体温，又观察了一下孩子的神色发现事情并没有陈香梅想象的那么糟糕，便安排她准备孩子的食物，并细心地喂食给小家伙。果不其然，不到一会儿，刚才还闹得不可开交的安娜，一下便安静地如同刚刚睡醒一般。见孩子的状态有所稳定，陈香梅紧绷着的神经稍稍松弛了些，心跳也恢复了正常。

看陈香梅的情绪如此大起大落，姐姐觉得应该给她也"治疗"一番。于是，她一边抱着孩子，一边安慰陈香梅，并将自己照顾孩子的经历和经验用和缓的口气告诉了心爱的妹妹。

此时的陈纳德正在上海，尽管他的心始终没有远离她们母女，但鞭长莫及，照顾孩子的任务还是落在了年轻而又毫无经验的妻子身上。出于对孩子的爱，缺乏经验的她患得患失虽然在情理之中，但长久的孤独和无人倾诉的窘迫，更让她的高度警觉演变成了草木皆兵的紧张与不安。

听完静宜的开导，陈香梅的心态稍稍放松了些。为了让她更加放松，静宜又找来爸爸，甚至是大洋彼岸的祖父母们也成了陈香梅的咨询对象。慢慢地，聪明的陈香梅开始学会了育儿，在处理孩子的问题上她也开始变得冷静客观起来。

在陈香梅和姐姐的细心照料下，安娜的身体渐渐地好转，体重也因为康复而有所增长。当陈香梅把这个消息告诉陈纳德和周围的亲人时，几乎所有人都欢呼雀跃。这样的喜悦，不单是对安娜幼小生命的祝福，更是对陈香梅又一次成长的褒奖。

随着孩子慢慢康复，陈香梅的生活慢慢地回归到原来的轨迹，但与此前的说走就走不同，她现在的生命里多了一份难以割舍的牵挂。在孩子没出生之前，很多父母都不曾想过和孩子会有多亲密，有时甚至觉得是个羁绊，但是当孩子真正进入生活里，与他们一同快乐悲伤时才会发现原来父母已经将孩子融入了自己的生命。正因为如此，当陈纳德提出让陈香梅陪同他去视察时，她有些犹豫了。以前她总是一如既往地、毫不犹豫地支持他的工作，如今，有了这个小家伙，她开始将她纳入考虑的维度里，她想一同前往，但前提是克奈尔·安娜要健健康康的才行。

陈纳德也理解她的想法，毕竟这个看上去脆弱的小生命更需要母亲待在身边。不仅如此，后来的行程中陈纳德也受到爱妻的影响而不强求她同行，即使陈香梅有时担心陈纳德的安全想暂时放下女儿前行，陈纳德也会劝她留下，因为她的安全不仅关系她自身，还关系到孩子今后的成长。虽然陈纳德很希望陈香梅能为他生一个男孩子，然而，他并没有因为这个原因而减少对克奈尔·爱娜的爱，他对女儿的疼爱甚至超过了陈香梅的预期。

只是陈香梅自己此时很希望生一个男孩子，于是，她第二次怀孕了。有了第一次怀孕的经历，第二个孩子前来叩门时，陈香梅并没有如此前那么慌乱，而且她的身体状况也轻松很多，从怀孕第二个月到第八个月，陈香梅一直没有停下手头的工作，每月照常到香港民航队办公。这样的节奏比起此前在广州的煎熬日子，简直是天壤之别。很快，陈香梅迎来了第二个孩子即将出生的日子。令她感到十分高兴的是，这次陈纳德或许会留在她身边陪伴。

然而，就在陈香梅即将临产时，陈纳德接到了一通电话，显然，他有委派任务。电话还没挂断，陈纳德就转向身边的妻子，向她确认具体临产的时间。也许因为长期作战、精准工作的习惯，生产的事情即便是最高明的医生也未必能准确地说出具体时间。陈纳德的这个问题让陈香梅不知如何回答。果然，陈纳德离开了就要临产的妻子，并告诉她会在生产的时间赶回来。陈香梅相信他是真诚的，只是，她也知道他是如何的身不由己。

就在陈香梅阵痛开始出现时，陈纳德仍旧在外执行公务。陈香梅开始做好独自一人"应战"的准备。然而，丈夫始终未放下即将临产的妻子，他竭尽全力完成自己的任务，并在凌晨一点钟赶回了家，这让陈香梅十分感动，也镇定了不少。

凌晨五点钟，陈香梅开始感觉到孩子即将出生，于是她告诉陈纳德准备前往医院的事宜。陈纳德看到妻子开始痛苦起来，加上第一次真切地面对妻子生产的情况，不免有些慌乱了。陈香梅不禁觉得好笑，一直以临危不乱著称的、曾经扫射日军的大将军，当下却为了一个即将出生的孩子而紧张得不行，而这，也是英雄背后真实可爱之处。

终于，第二个孩子呱呱坠地，陈纳德紧张的神经才终于松弛些。尽管此前陈香梅一直祈祷生育一个男孩子，但二女儿的出生同样让他们欣喜不已。陈纳德并没有觉得小女儿的出生有什么不好，反而觉得十分满意，并且告诉陈香梅也许会像他的岳父一样，他将拥有很多个聪明、漂亮的"小情人"。不过，由于长期的劳累和身体的虚弱，陈香梅在生完小女儿以后便不能再生育，因此小女儿变成了全家人十分宠爱的小不点。

孩子出生之后，陈纳德夫妇如同其他父母一样，对孩子关怀备至，他们的这份关心并不因为工作繁忙、经常搬迁而受到影响。有一次，大女儿白天玩耍时还好好的，到了晚上突然发起高烧，而且无法退去，冷汗冒个不停，把夫妻二人吓坏了。晚上陈香梅在孩子的卧房里照顾着她，陈纳德也在一旁陪伴，陈香梅关切地催促丈夫前去休息，然而，他并没有因此离开。此时的陈纳德毫无睡意，他只想陪在孩子旁边看她好起来。直到天快亮了，孩子稍微稳妥些了，陈纳德才放心些，光看着孩子发呆，早餐也吃不下去。可见，他此时是如何担心，面对战事淡定自若的他，看到孩子遭受病痛，内心也是分外煎熬。

　　陈香梅联系了医生前来给孩子就诊，按照医生的安排，孩子必须打针或输液，每到这个时候，陈纳德就会借故离开，因为他不忍心看到孩子因为疼痛而哭泣。女儿连续发烧三个晚上，这令人忧心如焚的三个晚上，陈纳德将军都不曾入睡，他在不停地踱步、不停地祷告，希望孩子能快一点好起来。此时的陈香梅又何尝不是怀着沉重的心情期盼着，虽然大家不言语，但心中的期盼都清晰地传达给了彼此。

　　第三天晚上，陈香梅安顿好稍微好转的女儿，然后敲开了陈纳德书房的门，告诉他不用太过担心。此时的陈纳德的确着急，但他不愿意让妻子知道他方寸已乱，这样不仅不利于孩子的康复，反而会让妻子更加担心。

　　陈纳德握着妻子的手，闭上了双眼，许久未出一言，后来竟有泪水从脸颊划过。这是陈香梅第一次看到陈纳德流泪。陈纳德稍稍平复了自己的心情，然后告诉妻子，他之所以如此担忧，除了孩子的痛苦让他心疼不已外，妻子的未来也是他所担忧的。他深知自己年纪的因素，不知自己还能在这世上逗留多久。因此，在他看来，这个孩子不仅仅是他们爱情的结晶，更重要的是长大以后，她将是那个代替他照顾陈香梅的人，如果她真的有什么不测，陈纳德的内心将永久不会安宁。

　　这一番话让陈香梅同样泪流满面。的确，在过去的日子里，他们过着温馨而幸福的生活。从未有人想过死亡这件事情，然而，这却是一个不可避免的规律，陈纳德能为她这样着想，这令她非常感动。

第四天早上，孩子已经基本上痊愈了，这个刚从死神的手中挣扎逃生的小姑娘，醒来的第一句话就是询问爸爸在哪里。陈纳德马上走到她面前，深情地亲吻着她的脸颊。女儿露出了久违的笑容，过去几天笼罩在他们上方的乌云一下子烟消云散了。孩子好起来以后，他们便到礼拜堂去祈祷、歌唱，感谢上帝听到他们当时在苦难中的召唤，感谢神将孩子原璧奉还到他们手中。

说到上帝，其实陈纳德和陈香梅的宗教信仰并不相同，陈纳德信奉的是基督教，陈香梅信奉的是天主教，对于虔诚的教徒来讲，他们两个人的结合，除了年纪、民族、国家这些差异以外，宗教信仰的不同也是婚姻美满幸福的障碍。然而，陈纳德和陈香梅却没有如他们所说的那样出现感情上的裂痕，即使他们占尽了这些不利的因素，他们更在乎的是内心的声音，如此，才是他们拥有美好爱情和美满婚姻的核心所在。

家，你中有我

当一对情意浓厚的情人通过婚礼这一仪式成为夫妻之

后，他们之间的关系便断断续续地发生了变化，尤其是当孩子出生以后，夫妻之间从两个相爱的人升华为亲人的状态则更为明显和自然。对于夫妻而言，最高的境界是双方能将彼此融入，既是生活上的伴侣又能在工作上相互扶持，这一点其实不容易办到，因为这不仅仅关系到两人在生活上的磨合和适应，工作上各种意见和矛盾都有可能随时带入到生活里，协调得好的话就是锦上添花，协调得不好的话则让夫妇之间的关系陷入僵局，甚至是死局。显然，这需要心灵上的默契和处理上的智慧，这一点，陈香梅和陈纳德做得十分完美。

在他们的生活中，陈纳德对于妻子的安排是十分信任的。比如关于他们家庭的装修，陈香梅是那个主事的人。当家中添置了两个可爱的小孩子，陈香梅开始为家中的住宿稍拥挤而打算扩建时，陈纳德的一句"悉听尊便"便将此事全权委托给了陈香梅。从找建筑师到设计图再到最后的施工，几乎都是陈香梅的安排，足见陈纳德对陈香梅是何等放心。建筑师们有时会直接找陈纳德寻求意见，他每次都会说一切由太太做主，以至于建筑师开玩笑说，以后要学习陈纳德的样子，好好对待自己的妻子。

当然，丈夫烦琐的事务和忙碌的安排会让妻子觉得有些不悦，于是有时陈香梅便会因此而生气起来，可是还没等陈香梅抱怨开来，陈纳德的一两个笑话就让陈香梅笑开颜，气也就无从生起了。陈纳德经常对妻子说，他所做的事情只有一件，那就是让妻子高兴，因此，她的一切安排只要她认为高兴便可以了。而这也正是陈纳德的智慧所在。

夫妻关系中，并不是任何一件事情都要由丈夫来定夺才能显示出他在家中的主导权，很多家中琐碎的事情其实留给妻子去决定，是一种相互尊重的表现。比如计划家中的装修、张罗亲朋好友之间的聚会等，这些空间的给予，让妻子能够深切地感受到，自己也是家中的一员，而不是仅仅作为丈夫的附属而存在，这样的氛围下，夫妻之间的关系才能得到平衡，如此便极好避开了大家在很多问题上意见不和的情况，因为任何一对恩爱的夫妻都不能保证他们之间永远不会出现意见上的分歧，处理问题的关键不在于消除这些分歧，而是如何避免和绕开这些分歧，这就是智慧的体现了。

而在很多"大事"上，陈香梅却甘愿充当陈纳德的配角，因为陈纳德在事业上的光芒让她由衷地钦佩。他们成婚以后，陈纳德所为之忙碌的民航事业同时也成了陈香梅为之奋斗的事业。陈纳德所在的民航公司在中国有将近四十七个站点，这些站点几乎覆盖了中国的大好河山，他经常赴这些地方视察，而陪同左右的陈香梅则负责为公司的周刊写报告。能亲身融入到丈夫的事业中，并为此做出自己的一点贡献，对于陈香梅来讲是一件荣幸的事情。

从南到北，波光粼粼、水天一线的海岸边，白雪皑皑、树木参天的山脉里，留下了他们一同走过的足迹；从西到东，贫乡僻壤、四处遍布鸡犬牛羊的黄土田地、饥肠辘辘的男女老幼，带给他们最真实的现状和无法置身事外的感触与决心。后来陈纳德为了建立中国民航公司，陈香梅更是跟随他不断地飞来飞去、四处奔波。

由于陈纳德特殊的身份和社会影响力，这样的经历让她有机会见到当时许多大人物，刚刚二十岁出头的她便见过了不少大场面，并且为当时的时局和人民所处的境况深感伤痛。陈香梅对于她和丈夫之间的关系，经常形容为良师益友，生活中打桥牌、学驾驶这样的事情，陈纳德的确主动担起担任陈香梅老师的角色，而除此之外，更让陈香梅觉得更重要的，是陈纳德在与她相处的时光中交予她的处事能力。陈纳德的见解和分析也在很大程度上培养了陈香梅的政治悟性，这为陈香梅后来在步入政坛奠定了极为重要的基础。

为了支持丈夫的事业，陈香梅在第一个孩子尚未满月时便托付给大姐和三妹照顾，对于孩子，她的心里常常充满了思念。陈纳德也因此而常常感到歉意，他希望有一天能补偿妻子，因为自从和他结婚后，陈香梅所面临的很多问题都是由他而来的国际问题。然而陈香梅并没有感觉到委屈和不安，相反她十分感谢陈纳德，因为正是与他并肩作战，才让她感受到了前所未有的成就感和满足感。夫妻之间除了深爱之外，还如同挚友一般惺惺相惜，这让他们的婚姻和家庭如何能不好？

在他们结合之前，曾经有人认为他们之间宗教信仰的不同将导致他们之间的关系受到严重的影响。但是，这样的猜测仅仅对了一半。他们的宗教不同是真，在孩子的信仰问题上出现了忧虑的地方也是真；唯独错误的是，这样的分歧不但没有恶化他们之间的关系，反而成了他们之间更加融洽的又一个典范。

陈纳德信仰基督教，他自然希望自己的两个女儿与他一样成为基督教徒。同样的想法也萦绕在陈香梅的脑海里，对此，陈香梅十分痛苦。陈香梅想找陈纳德说出自己的想法，但她知道陈纳德对自己信仰的坚持和打算，这样提出来的话只会在他们之间挖起一道沟壑，就好像在一个面容秀丽的女人的脸上硬生生地划上一刀。如此破坏他们之间存在的那份美好，这是她最不愿意看到的。但作为一个信徒，她虔诚的程度一点也不亚于陈纳德，她也希望自己的信仰能得到传承和延续。这两种强烈的矛盾情绪在大女儿四五岁时达到了顶峰。

这样的情绪一直在蔓延，让陈香梅觉得压抑在心中十分难受，无处倾诉的她甚至多次去神父那里寻求解脱。然而这样的方式并没有让她有所释怀。最终陈香梅在一个春风和煦、春日温暖的礼拜日，带着女儿们前往教堂接受了罗马天主教的洗礼。事后，她都丝毫回想不起来当时是如何做了这个决定。

然而，当孩子们把这件兴奋而意义重大的事情急切地想与父亲分享时，陈香梅的心却在此前的高兴中一下子转为忧虑。陈纳德会怎样想？他们之间会不会面临一场恶战？以往美好的日子是不是就此与她分道扬镳？……总之，她想了很多，而且都是不愉快的假设。

回到家中的陈香梅看着孩子们奔向父亲，自己则刻意选择了回避，因为她不知从何说起，也不知道说什么才好。此时的陈纳德似乎觉出了什么，他走向妻子想和她说些什么，又好像在等她说什么。

许久，陈香梅表达了自己的歉意，并承认自己应该事先将此事与他商量。说完以后，她便沉默了，脑海中闪过了许多想法，但此时的她像一个犯错的孩子一样，等待着丈夫的批评甚至有可能是严厉的指责。对此，她已经做好了心理准备并且不准备抵抗。

然而，事情却远非她想的如此。当她抬起头看见陈纳德那温柔和蔼的神色和眼神时，一股强烈的承载着宽容的暖流涌上了她的心头。陈纳德如此宽宏的态度是她始料未及的。

其实，陈纳德早就从她此前选衣服、张罗着一切的举动中看出了她的打算，而且在他看来，妻子完全可以不用藉怀，可以坦诚地与他商议，因为他始终认为既然对于妻子来讲此事如此重要，那么他就没有反对的道理。陈纳德的宽容让陈香梅无言以对，唯有止不住的泪水足以表达她对于丈夫的宽容的感谢和自己低估了他的爱的歉疚。

除了他们在很多问题上懂得相互配合、尊重对方，他们之间还有一个很好的习惯，那就是会去培养共同的爱好并且尊重这份爱好，让各自拥有独立的空间。说实话，再和谐的夫妻关系也需要相应的空间。当彼此愉快地进入各自喜爱的空间时，因为爱着对方，彼此才愿意放手让对方去做自己喜爱的事。比如陈香梅和陈纳德之间就有这样一个独立、愉悦的空间。他们都喜爱阅读，而且很享受进入阅读世界的时光，他们会促膝而坐，然后各自选择一本喜爱的书籍来阅读，有时一个晚上下来，两人各自手握书卷而不交一语。

对于那些喜欢粘腻在一起的情人来讲，这样安静的氛围似乎显得十分枯燥和冷淡，但是在他们看来，却是愉快而充实的时光。人生需要激情，但并不是时时刻刻都能保持激荡和澎湃，生活最本真的颜色是平淡的，越是生活下来就越发现，想要做一件自己喜欢的事情开始变得困难而奢侈。当我们理解了这个基调以后，便不难懂得一个事实：当一个深爱的人陪伴在你身边，而你又可以同时做着一件自己喜爱的事情，那便是世界上最快乐的时光了。显然，陈纳德和陈香梅都很珍惜这样的美好。

　　只是，这世间所有美好的事物都不会永远驻足，这些看似平常的温暖、爱意，在他们婚后的第十个年头开始面临着前所未有的挑战，虽然他们情比金坚，一切努力都未曾放弃，然而现实却是残酷的，一声声令人心碎的咳嗽、每况愈下的身体，带给陈香梅的是极其不好的预兆。

第六章

忧来思君不敢忘

病魔来袭

　　白居易的诗句里，"在天愿做比翼鸟，在地愿为连理枝"的美好理想是令人向往的。多数时候，当人们找到心中理想的对象时，都会用如此浪漫的诗句作为美好的向往，然而，就像任何事物都有两面性一样，当你拥有了如此幸福的场景后，它逝去时的伤感便愈发浓烈，愈发令人难以接受。

　　对于陈香梅来说，和陈纳德的相遇无疑是人生中最浪漫的事情，虽然年龄的差距让他们的婚姻时间注定要比其他夫妻短暂一些，但陈香梅却从未想过最终制约他们天长地久的不是陈纳德已然逝去的 30 年光阴，而是一场突如其来的疾病——肺癌。

那时，美国的医疗条件比中国好出太多，但发生在陈香梅母亲身上的悲剧还是在陈纳德的身上发生了。一开始，陈纳德对自己日益严重的咳嗽并不在意，因为吸烟引起的慢性支气管炎已经伴随了他许多年，所以，偶尔一两次的情况加剧都会被陈纳德常规地理解为天气变化导致的。

但是细心的陈香梅却并不这样认为。

每天，陈纳德都将自己的时间排得异常紧密，他把所有的心思都放在民航公司的日常运作和经营上，对自己的身体却并不在意。看着丈夫的身体大不如前，陈香梅的心很是不安，她知道强行将丈夫从工作岗位上拉下来休息是完全不可能的，所以，趁着孩子们想去旅行的当口，陈香梅说服陈纳德一起带着女儿们前往加拿大度假。

为期一周的休闲时光的确给陈纳德的身体恢复创造了良好的条件，他们从路易斯安那州一路开车直到加拿大风景秀丽的路易斯湖，孩子们精气十足的状态让车上的氛围显得轻松活跃了许多，陈纳德的精神也因此舒展了许多。

为了不扫兴，陈香梅也用最愉悦的状态配合家人的快乐，但回程时陈纳德的疲惫让她意识到陈纳德的健康问题并不是简单的休息就能解决的。

才回到华盛顿，陈香梅就劝说陈纳德到医院就诊。她直截了当地告诉陈纳德，自己非常担心他的咳嗽和头疼，陈纳德也意识到自己不去查个明白，陈香梅一定不会善罢甘休。时值华德里陆军总医院每年的例行检查时间，陈纳德觉得自己碰巧留在美国是可遇不可求的事情，便同意了陈香梅的建议，乘机前往医院就自己的咳嗽问题作深入检查。而一场与病魔的抗争也由此拉开了序幕。

　　临走前，陈香梅多次嘱咐陈纳德一定要及时打电话回家告知检查结果，每天有了空闲的时间，她就坐在客厅，焦虑地等待着电话铃的到来。当这个期待中的铃声终于响起来时，陈香梅本就担忧的心被更为沉重的伤感击碎。

　　一开始，电话那头传来的是一个陌生女人低沉而沉闷的声音，紧接着陆军医院的院长海顿医生关于陈纳德病情的宣布让陈香梅的心脏感受到了前所未有的窒息和压迫——

　　　　陈纳德将军的状态还不错，不过我们在他的左肺上发现了一个肿瘤，需要立即切除，是否为良性还需要进行切片检查……

　　对方的话还在继续，陈香梅耳朵里隆隆的轰鸣声却将海顿将军的讲话覆盖了过去。面对战争的残酷，陈香梅从来没有退缩过，如今丈夫的一个病重的消息却让她知道了什么叫做心神俱裂。她不知道该说什么，更不知道如何将眼前倾斜而下的黑暗剥离视野。她多么希望这一切只是她的幻听，但电话那头的话语又如此的清晰。

她有些头晕目眩，双脚也站不稳当，强烈的摇晃感让她吃不消，她一只手拿着电话筒，另一只手则用力撑在桌面上，以此让自己不至垮塌下去。

电话那头，海顿将军的话似乎已经讲完了，陈香梅原本还想让陈纳德说上两句，谁知还没开口，电话那头，丈夫熟悉的声音便响了起来。

没有萎靡不振，没有颓废沉沦，陈纳德虽然一字一句地和陈香梅讲述着自己手术的内容，但轻松平稳的语气听上去却好像在说别人的事情一般。只一瞬，陈香梅因恐惧而摇摆不定的灵魂仿佛突然找到了支点，因为恐惧而不敢面对的医疗建议，也因为陈纳德的讲解而变得不再吓人。

听着家中的妻子呼吸渐渐平稳，陈纳德的心也稍稍安稳了些。明天就要做手术了，陈纳德知道自己要把这个重大的计划告诉陈香梅，但对于陈香梅是否一定在他进手术室前赶过来，陈纳德却并没有做刻意的要求。

他云淡风轻地告诉陈香梅，手术是在明天下午，若行程上来得及便到医院看一看，若行程太紧，实在无法赶到也无妨，因为就算只有他一个人，他也不害怕。听上去，这样的询问有些漫不经心，但其背后蕴藏的却是陈纳德对陈香梅呵护备至的关怀与爱。

相濡以沫的婚姻生活里，陈纳德自然知道陈香梅对自己的爱情有多么浓烈，而他自然也希望人生最不确定的阶段能有挚爱相伴左右。但是，想到陈香梅一定会在病床前泪眼婆娑，陈纳德又不忍心自己年轻的爱人受此折磨。战火纷飞的年代里，陈纳德经历了无数次生离死别，对他来说，生命的脆弱并不可怕，可怕的是牵系在生命之上的感情的断裂。那种撕心裂肺的痛苦，即便是驰骋沙场的七尺男儿都无法忍受，更不用说这个让他时刻牵挂着的柔弱女子。

可是，陈纳德却忘了，以陈香梅对自己爱意，她是绝对不可能让爱人独自面对疾病的痛苦的。

果然，陈纳德的话还没完全说完，陈香梅便重振精神，用最严肃、最郑重的语气和态度告诉陈纳德，自己一定会赶在明天下午手术前到达医院的，作为妻子她有责任也有义务陪同自己的丈夫共同面对生命的考验。

听到这，陈纳德波澜不惊的内心突然感受到了强烈的震动，那种压抑已久的对生离死别的恐惧顺着心灵的缝隙开始滋长蔓延。他害怕失去陈香梅，害怕失去这个幸福的家，但他更知道，此时的"小东西"比任何时候，任何人都要害怕，而他所能做的便是用坚强和毅力去呵护陈香梅那颗随时都会因为自己的死亡而破碎的心。

作为一个训练有素的军人，陈纳德懂得如何调整自己的心情，也知道如何在自己深爱的人面前隐藏内心的恐惧和不安。不到一秒钟，陈纳德就从他内心的恐惧跳脱，并重新用爽朗的语气同意了陈香梅的行程计划。电话那头的陈香梅虽然耐心倾听着丈夫的一字一句，但最终还是没能在这样的语气中听到陈纳德内心深处的波澜起伏。

第二天，陈香梅如期而至，陈纳德一如既往地微笑着迎接了自己的妻子，脸上的表情和神色丝毫不像一个身患绝症的重病患者。

来的路上，孤独一人的陈香梅因为丈夫的疾病而伤感落泪，她心疼丈夫的身体，更舍不得这段来之不易的幸福。看到陈纳德神采奕奕，陈香梅何尝不知这是丈夫在为自己宽心，而她又怎么忍心将内心痛苦而焦虑的负面情绪带给病中的丈夫呢。

看着丈夫笑颜可掬，陈香梅也同样笑颜如花。深爱着对方的两个人，就这样用彼此的微笑守护着对方的心情。一场病房里的相见，因为两个人的亲切而变得温馨，见惯哭泣场面的医生和护士在吃惊之余，不由得为这两人的坚强感到钦佩。

放下背包后，陈香梅开始和丈夫一起为下午的手术做准备，一系列与手术相关的单据和文件在陈香梅的手中签完字后，手术开始的时间已经到来了。

陈纳德被医生和护士搀扶到轮椅上，陈香梅推着轮椅在工作人员的引导下陪同丈夫一同到了手术室。到门口时，陈香梅附身亲吻了陈纳德，希望自己的爱能带给丈夫战胜病魔的好运和信心，陈纳德欣然接受了妻子的祝福，并用加倍灿烂的微笑给了陈香梅安心的回馈。

白色的手术室大门被关上，陈纳德回望的脸庞消失在陈香梅的视野里。按照医生的说法，这场手术的难度比较大，因此时间也会比较长，陈香梅觉得百无聊赖的等待会增添自己的恐惧，便索性转身，回到陈纳德病房收拾东西，以此让时间过得快一点。谁知，无意中的翻找得来了她与一封书信的不期而遇。

这是一封写给"安娜"的信，落款时间是陈纳德做手术的前一天。这封信的篇幅并不算长，但隽秀的字体所书写的来自陈纳德的叮咛和嘱咐却句句直击陈香梅的心里防线。

和每一次上阵杀敌一样，这一次陈纳德也不能确定自己是否一定能回来，他提前写下这封信的缘由自然是想减轻自己的不告而别给陈香梅带来的巨大打击。

在陈纳德的心里，一切关于生命的召唤都是上帝的旨意，他没有办法改变，希望爱人们不要因为自己的离去太过悲伤。他告诉陈香梅，倘若自己真的一去不复返，他希望陈香梅能记住自己的爱，并以诚实忠贞的品质教导孩子们生活的真谛，让她们学会用谦和与全力以赴的态度完成生命的旅程。

捧着这样一封信，陈香梅怎么可能平静如常，原本还想隐藏的悲伤在陈纳德字里行间表露的牵挂与爱意中决堤崩溃。泪水沿着脸颊滑落，陈香梅多么希望将自己剩余的生命共享给挚爱的丈夫。当年母亲离去的时候，她还可以将怨气发泄在中国落后的医疗水平上，如今，陈纳德就医于如此先进的医院中，生命的去与留早已不是药物和治疗所能把控的了。

除了祈祷，陈香梅似乎想不出更好的办法。她虔诚地闭上眼睛，用毕生的信念浇灌内心最强烈的愿望。三个小时过去后，手术室的大门打开了，陈香梅看着面色轻松的医生，内心的恐惧和焦虑顷刻消散。

她感谢陈纳德的勇敢，感谢医生的努力，感谢上天的恩赐，感谢生命的馈赠，她想回馈这份厚礼，哪怕用自己的生命作为代价也在所不惜。

但是，奇迹终究只是惊鸿一瞥。虽然陈纳德成功地在手术后醒来，但令所有人意想不到的是，这份战胜疾病的愉悦竟然如同蜉蝣的生命一般短暂。

提心吊胆的日子

在很多人都眼里，最难挨的日子不是穷困潦倒，食不果腹的时光，而是提心吊胆的日子，那种源自内心深处的不安全感而延伸出来的恐惧，更会让一个人的心志趋于崩溃。

于是，能成功地度过这样日子的人便成了众人赞扬和传颂的对象，因为，如泥泞沼泽般难以挣脱的环境里，只有真正强大的心志和毅力才能找到攻克之道，并最终脱身而出。

从这一点上讲，陈香梅和陈纳德是当之无愧的英雄。

手术虽然成功了，但陈纳德体内的病灶并没有完全祛除。被癌细胞感染的肺部已经切除了大半，但谁也无法保证疾病不再卷土重来。医生的嘱咐里，陈纳德只有在十二个月里不再有感染细胞生出才算是真正的痊愈，而这又谈何容易。

每天，陈香梅都担心着陈纳德疾病的复发，她小心翼翼地观察着丈夫是否有不适的症状，又认真地为丈夫调配最合适的膳食，而陈纳德对此反而淡定了许多。

在民航公司的新闻发布会上，媒体记者就陈纳德身患疾病一事做出了提问，陈香梅生怕记者那句"作何感想"勾起陈纳德内心的伤感因而谨慎万分，陈纳德却用他特有的幽默将这场本来应该以伤感收场的访问换成了气氛轻松的谈话会。他微微一笑，只说自己希望活得足够长，以此遗忘了疾病这件事。在场的人被陈纳德幽默的回答勾起了笑意，陈香梅也因为陈纳德的调侃破涕而笑。

　　说陈纳德对疾病丝毫没有害怕显然有些言过其实，但他却从来都不让这样的负面情绪流露出来。即便不留神将心中的伤感流露出来，陈纳德也会迅速转换脸色，以最好的状态给陈香梅安心的回馈。

　　新闻发布会前，陈纳德因为准备工作而身心俱疲，不忍心的陈香梅皱眉询问他为何如此拼命，埋头苦思的陈纳德不经意地回了句"因为是最后一次……"，话还没说完，他敏锐地意识到自己的言语可能会给陈香梅带来难过和忧伤。于是，他站起身来，将这个娇小的姑娘搂在怀里，而后转用平静淡然的口气对陈香梅说，即便知道自己要打胜仗了，他也会做好最坏的打算，所以，如此认真准备仅仅是以防万一，并没有什么特别的意思。陈香梅听得他如此说辞，心中对于丈夫的担忧虽然没法消除，却因为这样的安慰而好受许多。

　　在昆明的时候，陈香梅对陈纳德的感情是尊敬，到了上海，陈香梅将浓烈而醇厚的爱情传递到陈纳德的身上，到了陈纳德生命末期，陈香梅对陈纳德的感情更是在热爱和尊敬中多出了敬仰和崇拜的成分。

　　作为病人，陈纳德的身体感受自然难受万分，抗癌药物带来的副作用让陈纳德痛不欲生，可这个杀敌无数的英雄却没有因为疼痛而在病魔面前屈服。那个年代，通常的癌症患者被确诊后都会很快去世，即便是医生最乐观估计一般也不超过一个月，但对陈纳德的病情主治医生却大胆地断言他还能活半年。如此乐观的估算背后，是陈纳德在病魔面前表现出的乐观和勇敢，但陈香梅却知道，他之所以如此强硬地撑下去，顾念的正是自己和孩子们的感受。

刚刚切除病灶的时候正是圣诞节到来之际，陈纳德考虑到多年来全家在台北度过圣诞节的习惯就坚决要求陈香梅和自己陪同孩子们一起回台北过节。作为患者，陈纳德长途跋涉自然非常吃力，但他却不想因为自己身体的原因而给妻儿带来不一样的感觉。

在陈纳德和诺伊州长的一次谈话中，陈纳德郑重地向他嘱托了自己的身后事，并请求诺伊州长在自己去世后照顾好陈香梅和孩子们的生活。

陈纳德说，陈香梅具有人们想象不到的力量，她会知道如何照顾自己，也知道如何让孩子们过得更好，但他却还是需要为她们母女三人寻找一个值得信赖的人，以防她在真的需要帮助的时候走投无路。

显然，诺伊州长便是这样一个合适的人选。听完陈纳德的嘱托，诺伊州长深切地体会到这个驰骋沙场的男人对自己爱人的关心和呵护，而他自然也不会辜负这样一个血性男儿的请求。他告诉陈纳德，自己一定会做好所有力所能及的事情，像照顾家人一样照顾陈香梅和孩子们。陈纳德听到好友如此保证，内心久久悬着的心终于找到了落脚的理由。

彼时，陈香梅正在厨房里准备晚餐，陈纳德以为他们的对话应该不会被她听见。但心细的陈香梅却在丈夫与州长的只言片语中猜到了他的打算。

对于陈纳德的评价，陈香梅并未觉得高兴，在她看来，自己之所以能够坚强地和病魔作斗争，很大程度上是因为陈纳德在自己身边做依靠，倘若哪一天陈纳德离开人世，陈香梅并不知道自己是否还能像今天这样乐观、坚强，毕竟，没有了精神依靠的人终究是虚弱无力的，哪怕她从内心想要成为陈纳德口中那种拥有超乎寻常生存能力的女人，她也需要有一个坚持下去的理由。

但除了陈纳德，她还能找到别的理由么？

陈香梅不知道，也不想知道，此时的她只一门心思的希望陈纳德能好起来，其他的问题则通通被她抛到了脑后。

距离上次的手术已经过去八个月了，陈香梅希望未来的四个月也能一如既往的平静，但一个月后，陈纳德的病情还是恶化了。在此之前，陈香梅和陈纳德很少就病情的问题进行交谈，但问题再次来临时，他们不得不旧事重提。

陈香梅用尽全身力气让自己冷静下来后，才询问陈纳德再一次手术的风险有多大，陈纳德则平静地回答了她"弊多利少"四个字。没有怨天尤人，没有气急败坏，陈纳德表达自己病情的模样仿佛平常人谈论明天的天气一样平静。

　　作为女人，在如此大的困难面前，陈香梅大哭一场似乎也合情合理，但作为陈纳德的妻子，陈香梅却在他的感染下懂得了如何用最乐观的心态看待生命的磨难。如果说之前在战场上的磨炼是陈香梅幼稚的意识成长的过程，那么这场应对与病魔的战斗则是她成熟的意志得以升华的过程。

　　面对令人沮丧的消息，陈纳德的勇气和刚毅让人敬仰，这种"泰山崩于前而面不改"的气魄听起来似乎是男人的专属，但陈香梅却将这种难得的精神内化为自己的品质。

　　她没有因为听到丈夫和诺伊州长的对话而当众哭泣，也没有因为即将到来的另一场治疗而情绪失控，她默默地将自己内心的痛苦隐藏起来，而后学着陈纳德的模样用微笑和平静迎接新的磨砺。

　　当陈纳德回顾自己与爱人相遇、相知、相爱的过程时，曾经希望寻找到一个值得尊敬的妻子的梦想重新回到了他的脑海。对他来说，陈香梅是他留在中国最重要的原因，同时也是他一生中最正确的选择。盛名在外的他身边曾经围绕着众多的美女，但最终能与他理想中的"尊敬"二字联系在一起的，只有陈香梅。

　　或许，这就是上天注定的缘分，不然远隔重洋的他们也不会遇见，并最终成为共同患难的情义夫妻。陈香梅区别于其他女性，坚强、独立的性格使她成为陈纳德患病期间最重要的依靠。尽管陈纳德最终没能打赢这场战争，但最后的时光里，他教给陈香梅的则是打败敌人的智慧和勇气，却成为陈香梅以后人生道路上重要的引导和支撑。

依靠着这句话，陈香梅在人生地不熟的美国成就了属于自己的事业，并最终成为远赴盛名的总统智囊。离开丈夫的日子虽然苦闷孤寂，但陈香梅依旧耐着性子在自己的理想中奋勇前进，因为她知道，唯有如此才能让天上的陈纳德安心，而陈纳德留下来的勇敢和坚毅的精神品质也才能通过实际行动传递给自己的女儿和身边的朋友，以此让它生生不息、永不泯灭。

最后的敬礼

赞扬的形式虽然有很多种，但对每个人来说，它都是值得向往的，因为那种看似来自外界的精神奖励，实际上却是对人们内在能力与精神的肯定。孩子渴望得到老师的赞扬，艺术家希望人们热爱自己的作品，作家觉得自己的文字被人反复咀嚼是至高无上的荣耀，工程师希望自己的产品能被人赞不绝口，而军人，自然也不例外。

对于驰骋沙场、见惯了生离死别的他们来说，那些用金钱堆砌而成的奖金，或是用精美的语言组织而成的夸耀都不是他们最钟意的赞扬方式，他们不需要谦卑的鞠躬，也不需要被虔诚的膜拜，对他们来说，一个简单却庄严的敬礼便足够让他们感动得泪流满面。那种右手抬起时的飒爽英姿，在彰显服从天性的同时，让久经沙场男儿的气质体现得淋漓尽致。

作为军人，陈纳德热爱他的职业，他喜欢那种炮火里的坚毅，喜欢那种挺身而出的勇敢，喜欢用智慧攻破敌人的堡垒，喜欢用行动夺取胜利的高地。纵观他的一生，作为军人的时间几乎占用了他成长后的全部时光，他从未尝试过其他职业，也从未在飞行以外的领域涉猎过多，但如此单调的职业生涯却因为陈纳德的精益求精而变得神圣。

在陈香梅的眼里，身穿军装的陈纳德比西装笔挺的商业巨子，或是政坛说客都要帅气，因为他身上那股来自战场的乐观和坚强的劲儿，不是任何人都能与之媲美的。同样是患者，陈纳德虽然也被疾病折磨得形销骨立，但他却总能以强者的姿态傲视该死的病魔。

有时，人需要在别人的支撑下才能有足够的坚强面对生命的考验，但陈纳德却是那个支撑着自己又扶持着别人的人。考虑到陈香梅的心情，陈纳德从来不曾将自己的悲伤过分的渲染，他努力地将最好的状态呈现出来，即便自己的身体已经因为咳血而有些支撑不住了，他还挺直了腰杆坚持下去。

此时的他，在用自己最优秀的姿态将幸福坚持到最后的同时，也在潜移默化中为陈香梅今后的生活提供精神上的教义和支持。那些陈纳德不在的日子里，陈香梅的坚持与其说是她内心坚强，不如说是对丈夫的致敬，因为在陈纳德生命即将走向尽头的时候，他无时无刻不在思考的是如何让妻子继续活下去，而深知丈夫心思的陈香梅又怎会让天堂里的丈夫失望、伤心呢？

无怪乎美国总统会在陈纳德生命垂危的时候给他颁发中将军衔，因为只有这样的勋章才是对他伟大的军事生涯最好的总结，也只有这样才能将陈纳德的精神传到军队的各个角落，进而成为年轻士兵们前进的榜样。

那一天，受奖现场张灯结彩，陈纳德在陈香梅的搀扶下缓缓走进大厅。掌声如雷鸣般响了起来，陈纳德用他依然挺拔的身板和迷人的微笑向所有人致敬。尽管此时的陈纳德身体和神态早已不像之前一样的充满能量，但人们还是能从他的眼睛里看到熟悉的刚毅。

此时，陈纳德体内的癌症细胞已经扩散，除了肺部，其他相关的器官也因此受到牵连。声带已经肿大得发不出声，喉咙连简单的吞咽动作都做不到，更不用说发出声音。鼻腔的呼吸也在病魔的操纵下开始变得艰难起来，每到晚上，陈纳德总是会在窒息中醒来，即便大口大口地喘气也要许久才能缓和过来。为了维持剩余的生命，医生在陈纳德的咽喉处开了一个口子，以此呼吸更多的氧气。陈香梅虽然知道这样的口子会影响陈纳德的形象，却从不对这道伤疤做多余的掩饰，因为她知道所有源自对生命渴求的行为都是值得尊敬的。

其他人又何尝不是如此呢。陈纳德的听力早在几年前就失掉了，为了表示对陈纳德获得中将勋章的祝贺，所有人都在微笑，因为只有这样，陈纳德才能感受到他们由衷的祝福。

多年来的相处，陈香梅知道陈纳德对军人荣誉的看重，也知道能在有生之年晋升至此，也算是给军旅生涯画上圆满的句号。但作为一个妻子，陈香梅宁可用自己丈夫头上的光环换回他健康的身体，因为她并不需要自己的丈夫有多显赫，只需要他能长长久久地在自己身边，和她一起看风霜雪雨的变化，看世事沧桑的轮回。

然而，就是这样简单的要求，陈香梅却觉得比登天入海还要难。

当生命开始在倒计时里消逝，原本平淡无奇的拥有就会变成近乎奢望的要求。陈香梅希望时间再慢一点，再慢一点，哪怕只能让他和陈纳德再多待一天也是好的。但疾病却从来不会和患者讨价还价，只要它确定步伐，即便再坚强乐观的人也只能默默地等待它最后的攻击。

所有人都知道，陈纳德在这里的敬礼或许将是他人生的最后一次，但谁也不愿意说破，因为和事实的残忍相比，人们更喜欢在自欺欺人中找到暂时的安慰。

　　一直以来，陈香梅都对迷信或是占卜事宜不感兴趣，因为那种依靠直觉给出论断的方式听上去就让人觉得不甚可靠。隔壁病房的病友亲属露芙在与陈香梅的交谈中曾经问她是否相信命运，陈香梅看着病床上熟睡的丈夫和他身边的药物，毅然决然地摇了摇头。

　　在她看来，母亲当年没能治好癌症是因为中国的医疗条件太过简陋，如今能在美国治疗，陈纳德的疾病能够有所好转。彼时，她的心被丈夫的疾病紧紧地揪着，但内心深处依然相信丈夫能借助药物的力量重新回到她的身边。但漫长的治疗过程和丈夫痛苦的表情却让她意识到，自己自欺欺人的想法似乎已经到了难以掩饰的地步了。

　　主治医生还是坚持用药物维系陈纳德的生命，虽然强烈的副作用会让他十分痛苦，神智也未必能像之前一样清晰，但只要心脏仍能跳动，那么陈纳德就不能算死亡。

　　一开始，陈香梅也同意医生的观点，毕竟在医学这个行列里，她确实是个门外汉。深爱着丈夫的陈香梅多么希望自己的丈夫能在这人世上多留一分钟，哪怕他无法同以前一样与她交谈、亲昵，只要能听到他的呼吸和心跳，陈香梅的内心便会感到安定。然而，随着时间的推移，她慢慢发现，医生的观点和做法似乎并不能让自己和丈夫感到安心，因为这种单方面的挽留，丝毫没有考虑病患者的痛苦，也丝毫没有想过如此痛苦的生活，陈纳德是否真的想要继续。

矛盾中，陈香梅突然希望那些关于灵魂的传说和所谓的通灵都是真的，因为这样，她才能在梦里和久卧不起、许久未曾开口的陈纳德对话，才能知道他内心真实的想法。

陈香梅有些绝望，她觉得自己好像是突然被抛在路边无人问津的孤儿，又因为自己的"独断专行"给丈夫带来巨大的身体摧残而感到惭愧万分。突然，内心关于帮助丈夫尽快结束痛苦的想法冒了出来，可还没完全成型，又被她脑海中另一个关于延续丈夫生命的想法取代了。

医院的夜晚是漫长的，每当21点护士将所有的灯都熄灭的时候，陈香梅的孤独和恐惧就不可抑制地扩散开来。看着昏迷不醒的丈夫，陈香梅忍不住掉下了眼泪，她是多么不希望挚爱的丈夫就这样撒手而去，但听着他从喉咙中传出来的艰难的呼吸声，陈香梅又觉得自己有必要让丈夫在人生最后的一刻轻松离去。她思前想后，矛盾万分，最后能做的，只是到洗漱间用冰冷的清水冲刷自己的脸颊，以此换来片刻的平静与安宁。

如此的夜晚持续了数日，陈香梅在心灵的煎熬中形销骨立，直到这个爱她胜过自己的丈夫再一次为她做出选择时，她才终于在纠结的泥潭里脱身而出。

　　绿草如茵的草地上，三三两两的人群正在散步，或恬静，或喜悦，或安逸，或沉默，周围的一切似乎并没有因为陈纳德的离去而发生多大的变化。但白色床边上坐着的陈香梅却在一瞬间掉入了人生最巨大的悲伤之中。

　　孩子们被叫了进来，不明所以的她们痴痴地询问母亲父亲的踪迹，陈香梅原本默然的脸上因为孩子们的询问而有了灰暗的波澜，尽管她极力克制，但内心的痛苦却让她最终还是落下了眼泪。

　　爸爸，走了。

　　陈香梅用轻描淡写的话讲述了人世间最难以承受的事实，女儿们愣了愣，发现母亲的眼神里有不容置疑的伤感，蕴藏已久的对父亲的怀念顷刻间成了决堤的洪水。

　　所有人都默然了，空荡荡的病房因为陈香梅和孩子们的哭泣显得格外悲凉。

　　那一刻，陈香梅觉得自己成了无家可归的流浪者，更觉得自己独留在这世间是一种对他们的爱情最大的不忠诚。她想随着将军一走了之，只有这样，她才能免去蚀骨思念的折磨，才能在天堂和自己最心爱的人永远在一起。

　　但当她低头看见两个孩子时，那种源自母亲的勇敢却让她选择了面对现实。

　　今后的路要怎么走，陈香梅并不知道，但她明白未来肯定布满荆棘。但不管怎样，陈香梅都要带着孩子们坚强

地活下去，因为，这不但是她的理想，更是陈纳德在人生
最后时刻由衷的希望。

此恨绵绵

> 我以任何一个人所可能付出的爱，
>
> 爱你和她们，
>
> 我同时相信，
>
> 爱将永存于死后。
>
> 要记住并教导我们的女儿，
>
> 生命中确切的真谛，
>
> 要品行端正，诚实忠贞，
>
> 并以慈爱给予他人。
>
> ————《陈纳德遗诗》

清明时节雨纷纷，路上行人欲断魂。

连绵不断的山坡上，习惯了在固定一天祭祀先祖的中
国人陆陆续续来到先人们安息的地方，向转身离去的他们
表示最真挚的怀念。这项延续多年的传统，在完美地解释
了中国人对逝者的怀念之情的同时，也成为中国文化最具
特色的表现之一。

远在美国的华人也会在延续中华文化的基础上将清明

扫墓的传统带到此地。虽然，东西方文化碰撞的结果有些异样，但生者对逝者的思念却是相通共融的。

清晨，阿林顿公墓里淅沥沥的微雨打湿了一位从容的妇人的衣裳，她没有过分地躲闪，也没有着急地逃离，相反，她安静地站在一块石碑前，用认真的眼神定定地看着石碑上的照片，和那用漂亮字体书写的墓主人的姓名——陈纳德。

作为骁勇善战的将军，陈纳德在病魔面前并不怯懦，甚至连死亡都不能让他皱一皱眉。但只要他想到自己的离开会让他心爱的陈香梅遭受痛苦时，他的内心就痛得难以煎熬。为了让陈香梅安心，陈纳德总是装出一副淡然的模样，但他担心的是自己离开后，陈香梅又该如何找到情感的寄托。

于是，他写了一封信，一封可以称为家书，又可以称为情书的信。在信中，他倾诉了自己对妻子和女儿们的爱，并嘱咐陈香梅要好好教导孩子们。而更为重要的是，陈纳德在信中以"爱将永存于死后"的句子给今后独自一人的陈香梅带去了鼓励，而这句话也确实是陈纳德离开后成为陈香梅最重要的精神及情感支柱。

在人们为陈香梅竖起大拇指交口称赞她的坚强时，谁又知道，如此独立又坚强的她是在怎样的丧夫之痛中走过来的。

自欺欺人的习惯，并不美好，因为用欺骗麻痹自己，忽视现实的创伤本身就是一种逃避。然而，当陈纳德离开人世后，一向冷静、客观的陈香梅却沉浸在这种感性的掩护中，以此遗忘爱人离去的痛楚和精神丰碑倒下的创伤。

　　从医院回来，陈香梅下意识地遗忘了病房里雪白的床单，和在它覆盖下的丈夫冰冷的躯体。她告诉自己，陈纳德只是出了趟远门而已，虽然不知道他要去多久，但终有一天，他一定会重新回到自己的身边。她依靠着这样的自我安慰度过了最初的几天，在她越来越相信自己编织的谎言的时候，一个阴雨连绵的日子里，她被告知需前往阿林顿公墓为陈纳德挑选安放骨灰的石碑，而陈香梅蓄意积攒的全部念想在这一天重新被死亡的伤感所取代。

　　很多时候，陈香梅很清楚地知道自己想要的是什么，即便前方没有明确的目标或者事物，她也能迅速地找到前进的方向，并让自己的脚步继续下去。但是，就在陈纳德倒下的那一瞬间，她突然迷失了生活的方向，不知道下一步该往哪儿走，也不知道下一步该怎么去走。

　　每一天被哀伤填满的心房一下空了出来，桌上陈纳德还没抽完的烟安静地躺在盒子里，不小心蹿进陈香梅鼻子的味道让她原本就揪着的心愈发疼痛起来。

　　丈夫紧闭的双眼再也不会睁开，微微合着的双唇也不会再有甜言蜜语或是关切流露。前一秒，陈香梅还能感受病重的丈夫那一丝微弱的呼吸，下一刻，陈纳德身上连微乎其微的生命体征都被冷峻的空气消融。想起陈纳德的微笑，陈香梅是不舍的，但想到他在和疾病作战时的种种痛楚，此时的她觉得死亡似乎也是一种解脱。

看着医务人员将陈纳德从病房抬走，陈香梅异乎寻常的平静，朋友们本以为深爱着陈纳德的她会因为丈夫的死亡而痛哭流涕，但陈香梅却只是安静地坐在那里一动不动，仿佛雕塑一般，肃穆而凝重。

时间一点点流逝，陈纳德的离去已经成了不可逆转的事实。朋友们开始三三两两地劝说陈香梅去吃些东西，生怕精神已然严重受创的她身体上也支撑不下去。但陈香梅终究还是没有动弹。她微微地摇了摇头，然后安静地回归到原来的姿态，仿佛这样就能让时间停留在陈纳德生命的最后一刻。

最痛彻心扉的伤心往往不是用眼泪来宣泄的，因为突然被抽空的心灵早已因为痛苦而失去了感知的能力。那一刻，陈香梅想哭，但泪水却因为同样麻木的眼眶终不能落下。直到她带着疲惫的身躯回到家中，那种安静的氛围才让眼眶里的泪水肆意流淌。

窗外，连绵不断的雪还在下着，陈香梅不知道是这雪带来了冬天，还是这冬天带来了雪。万物肃杀的日子里，没有鸟鸣，没有花香，没有绿叶，没有彩虹，甚至连偶尔的日出也成了这阴郁连绵的日子里的奢求。

过去的三十年，陈香梅在雪域王国里度过了自己的童年时光和青春时代，即便是到了婚姻的年龄，陈香梅依然能在陈纳德的庇护下如同小公主一样尽情地享受着童年般的无忧无虑。曾经用文字记录下战场上血雨腥风的陈香梅，严格来讲她并非矫揉造作的女人，但那种挥洒在职场的独立却并不能代表她全部的精神状态。

在爱情里，陈香梅是被幸福包裹的晶莹水滴；在婚姻中，她更是被丈夫细心呵护的娇艳花朵，生活的苦涩和逃难的艰难在她嫁给陈纳德的那一刻起变成了门外的雷雨，就算再肆虐也会有陈纳德为她遮挡。

然而，幸福的时光总是那么短暂。陈香梅还未在丈夫的宠溺中回味过来，一场突如其来的疾病便将她和陈纳德的生活彻底改变。每天，她都要在对丈夫的关切中醒来，最为忙碌的也是为丈夫操持各种与治疗相关的事宜；每天，她都会在极度的疲惫中睡去，哪怕眼皮已经合上，嘴里念念不忘的还是丈夫的病情。

和曾经的快乐时光相比，这样的日子显然如炼狱一般难挨，但和陈纳德死后的孤寂空洞相比，那种为疾病提心吊胆的日子虽然艰难，却仍然有执念可依。

如今，陈纳德撒手人寰，陈香梅不知道接下来的生活应该以什么为中心，周围的一切也有些迷茫。就像漫天飘雪的冬天一样，没有绿色的抚慰，没有温暖可以来，无边的阴冷里春也迢迢，梦也悄悄，一切都随着陈纳德的离去一起陷入了最深、最冷的冰窖一般。

冬雪或许还有消融的一天，春天脚步虽然遥远，但终究能有回来的一天，但爱人的离去却再也没有回归的可能。阿林顿的雪雨里，陈香梅站在冷冰冰的墓碑面前，用尽全力克制住自己的思念和伤感，但那一点一滴落在脸上的冰冷却还是让她的心冰封在凄苦与悲凉里。

熟悉的气息还在生活里蔓延，那些记录着陈纳德日常习惯的东西仿佛他留给这个家的约定一般，安静地陈列着却给人无尽的遐想。四周明明是空荡荡的房间，却总能莫名地感觉到陈纳德的存在，好像下一个时刻，他便如同往常一样从门口进来将桌上的烟斗拿在手上点燃，或者他会不经意地给陈香梅一个拥抱，以此告诉他自己又回到这个家中。

孩子们也因为父亲的消失而感到不自在，好在她们还有陈香梅的安抚作为依靠。陈香梅则只能靠自己来化解这份伤痛。每当夜深人静，她都会安静地坐在房间里，用最安静、最深切的回忆思念已然离去的丈夫。

关于灵魂相遇，那些千百年来流传的故事虽然充满戏剧色彩，却终究因为人们对逝者的怀念而多出了些许浪漫，陈香梅从来不相信神灵或者鬼怪，但在丈夫离开的日子里她几度盼望陈纳德的"魂灵"能回到自己身边。哪怕只在夜深人静的时候站在窗外看上一眼，她都觉得是上天莫大的恩赐。

只可惜，这种愿望无论如何也无法实现。

怀念是多样的，它可以是对逝者的思念，也可以是对其精神的传承。陈香梅知道，眼泪不能改变现实，生活的苦难也不会因为自己的消沉而改变，因此，面对苦难的最佳方法便是正确面对它，唯有如此，才能有足够的智慧在其中找到应对的策略和方法，否则，停留在阴郁里的眼光，换来的只能是无边的恐惧和身外事实无法改变的现状。

擦干眼泪，陈香梅怀着对丈夫的挚爱推开了门窗，任由窗外灿烂的阳光将屋里和心里的阴暗驱散。或许，沉沦在对陈纳德的思念里是对他的怀念，但怀着他的期盼，带着他的愿望坚毅而精彩地活下去是对他最好的致敬和缅怀。

战场上，陈纳德不希望自己的士兵因为战友的离去而畏惧战争；生活里，陈纳德自然也不希望自己的妻子因为自己的离开而丧失对生活的信心。

梅，站起来

王阳明的"知行合一"的观念一直为人所称颂。这样的道理虽然浅显易懂，言简意赅，但真正能做到的人却少之又少，因为读懂惊世骇俗的道理并不难，难得在于如何将这些道理应用到现实生活中。对于一部分人来说，自怨自艾的逃避或许比忍着剧痛迈开步伐要简单的多，而这也正是坚强之人值得众人膜拜和赞许的原因。

而陈香梅，正是这其中的一员。

1990 年，陈香梅曾经受邀前往陈纳德的故乡路易斯安那州梦洛市，参加专门为丈夫设立的纪念邮票首日发布会。这个久违的城市虽然变化巨大，走过的街道也同 40 年前截然不同，但陈香梅却依然能从居住在这里的人们的口音、举止甚至神色回想起当年初到此处的感觉。

当年，一栋伴着几十亩果园的小屋，陈香梅曾与陈纳德度过了他们最幸福的时光。虽然他们的结合在当时也算特例，但陈香梅还是努力融入这个本不属于自己的族群。

为了做到这一点，她努力地学习英文，也努力地学习美国及南部地区的历史和人文典故，并成功地将自己变成比南方人还要南方的居民。

陈纳德离开的时候，陈香梅被浓烈的孤独笼罩着，她思念丈夫的怀抱，也悔恨自己没能在陈纳德离开之前学会在没有他的城市里的生存技巧。诚然，陈纳德在世时特有的宠爱是她沉陷在依赖中并甘之如饴的根本原因，但这并不代表着丈夫怀抱以外的世界就是一帆风顺的。

作为外来的种族，华人所代表的黄种人一直以来都不为美国白人看好，作为弱势群体，陈香梅对陈纳德的依赖显而易见，陈纳德也因为害怕妻子受到伤害而处处为她着想。

看起来，这样的维护多少让陈香梅有些与世隔绝了，但在那个种族平等还未成为时代主题的年份里，少一点接触民主主义的激进分子就意味着少一点伤害。到陈纳德临终时，他念念不忘的仍然是陈香梅在异国他乡的生活。他找来伊诺州长，希望老友能帮助自己妻子渡过难关，让她获得更多来自官方的庇护。

然而，就像陈纳德之前说的那样，这个看起来弱不禁风的"小东西"在坎坷和灾难面前有着难以想象的抵抗力。多年来陈香梅虽然孤身一人，但她仍然用自己当年的勇气和信念开启了后半生新的旅程。她用自己柔弱的肩膀扛起了一家三口的生活，并以自己卓越的能力和独特的魅力在美国闯出了令华人和白人都震惊的辉煌成绩。

无论如何，三十岁守寡都是极度伤感的事情。在中国，倘若哪家女子在这个年龄失去丈夫，定然会有很多人向她投来同情的目光，因为这意味着一个家庭的解体，更意味着这个女人失去了生活的依靠。从这层面上讲，陈香梅和他们一样都拥有悲伤的权利。

然而，作为冲破世俗，毅然选择外国恋情的勇者，陈香梅却没能得到世俗眼光的同情，因为从一开始，她所选择的幸福便不为别人看好。

寡居的日子本来就凄苦，加上外界的误解与嘲讽，陈香梅的日子变得异常艰难。没有获得足够多的体谅和理解，陈香梅就不去奢求，没有援助之手可以攀，陈香梅就靠自己的力量站起来。

刚开始，陈香梅还会回到丈夫的石碑前黯然神伤，她为已然逝去的陈纳德的宠溺感到惋惜，更为自己曾经的依赖感到怨恨。渐渐地，她不再依赖墓碑上那张照片给自己带来信念和安慰，她强迫自己面对现实，更鼓励自己勇敢地走下去。

曾经，陈香梅用心地掌握正宗的南方口音，陈纳德离开后，陈香梅用同样的耐心和毅力学习了美国政坛演讲技巧；曾经，陈香梅用自己最大的好奇心倾听美国南北战争的历史故事，剩一人时，陈香梅用自己的热切和诚恳，开始正式对政治规则进行最用心的领悟。

在很多人眼里，陈香梅的做法有些不可思议，因为在他们看来，一个丧夫的女人只要守着丈夫留下来的财产默默无闻地过日子就好，在社会上抛头露面的行径实在没有必要。但陈香梅却不这么认为。

丈夫的离开确实是令人不愉快的事，但伤心过后，生活还要继续。如果沉溺在痛苦中一蹶不振，既对不起自己，也对不起死去的丈夫。毕竟，没有一个人希望自己离开后挚爱之人萎靡不振，只有那个他最牵肠挂肚的人把生活过得精彩了，才算是对逝者最大的告慰。

陈纳德的离开虽然没能实现夫妻二人白头偕老的约定，

却成就了陈香梅另一段辉煌的人生。多年后，当陈香梅回味这段苦涩晦暗的时光时，她为自己的坚持感到惊讶，更感谢丈夫病重期间身体力行的鼓励和教导。他不抱怨、不哀叹的精神品质是对病魔的抵抗，更对陈香梅以后的生活提供了精神援助。没有他作为榜样，陈香梅或许没能这么快从悲痛中脱身而出。

在美国打拼的日子里，陈香梅的身影始终是一道惊艳的风景线，这个来自东方的女人用她的聪明才智赢得了西方政治主角们的青睐，但值得一提的是，她的成功并不是依靠丈夫的声望，而是她自身卓越的能力。

作为为数不多的两度担任美国共和党亚裔委员会主席的亚洲女性，陈香梅来自中国大陆的经历和在美国生活的体验让她成为美国人眼中最懂得亚洲问题的中国人，也成了在中国人眼中最懂得美国规矩的美国公民。

她理解众多华侨在异国他乡的艰难，也知道美国政府倡导人权，却总是迫于现实而指定多重标准，费力不讨好。她不失时机地为自己的同胞争取权利，也为美国政府在种族问题和人权问题上的困境出谋划策。她奔走于唐人街和白人社区之间，奔走于美国各州之间，更奔走于太平洋东西两端，她在传递政府高层的观念和立场的同时，也充分表达了底层人民的需求。

中国人欢迎陈香梅每一次的归国之旅，美国总统充满信任地向陈香梅询问有关亚洲的政治、经济情况。如果说智囊团是为领导者提供谋略和政策的大脑，那么陈香梅更是为领袖们提供了最真实民情写照的眼睛。她涉猎广泛，客观公正，不因为个人的喜好而有所偏袒，也不会因为一己偏私而有所隐瞒。在她的帮助下，许多隐藏在底层阴暗中的苦难被挖掘出来，许多东西方共同的关于和平的渴望被发现，而这正是她成就自己与众不同的辉煌的重要原因。

作为历史的见证者，陈香梅从来不吝啬与他人分享走过战争的心得体会；作为中美联姻的代表，陈香梅更是不拘泥于当年社会上短浅的评价而将自己在东西方文化碰撞中的思考和遭遇提供给后人作参考。

能和历史同行是一种幸运，能成为历史的缔造者更是幸运中的幸运。当厚重的历史被翻开，当过往的云烟如影像般翻过，陈香梅以她独有的光芒成为后人敬仰和称颂的对象。而她用智慧和行动缔造的关于中美两国人民的民间交流之路更成了历史上浓墨重彩的一笔。

倾国倾城的容貌会因为时间的推移而衰老，但思考与阅历却会随着历史的沉淀日久弥新。丈夫的离世让陈香梅早早地失去了"将军夫人"的称号，但重新开始的事业却让她赢得了"中美民间使者"的美誉。皇冠自然吸引人，但无冕之王的称谓却同样令人赞赏。

而陈香梅，正是获得这一荣耀的特殊女性。

第七章

独在异乡为异客

你好，华盛顿

在陈纳德离开人世的那一刻，陈香梅一下子从天堂跌入了谷底，纵使她如何不舍和心疼，现实依旧如同冰冷的霜刀逼向她，让她不得不在坚强站立起来的同时，开始思索关于未来的打算。一个三十岁的女人，带着两个年纪尚小的女儿，这本就是极具悲伤色调的画风，如今她除了要为生活的着落忧心以外，许多陈纳德将军生前遗留下来的问题也亟待她去解决和处理。

原本以为在民航公司的工作可以维持她们母子三个的生活，但新老板却无情冷酷地将她赶了出去。可是，那是陈纳德毕生的心血，眼看着它从一个几百人的公司发展壮大为一家几万人的企业，如今陈纳德尸骨未寒，陈香梅便遭受如此待遇，心中何等凄凉和悲愤可想而知。然而，当所有人都认为陈香梅无法承受这些重压时，她却在毅然决然中选择了离开，带着孩子们前往华盛顿，开始了独闯美国的生涯。

虽然此时美国有父亲和继母、妹妹和妹夫，然而由于地缘的原因，使得陈香梅无法跟随他们一同生活。更因为陈纳德的身后事需要跟进，使她无法抽身前往加州或旧金山。于是，几相考虑之下，陈香梅选留在华盛顿。

很多不知情的人都认为在美国，以陈纳德遗孀的名义生活下去，陈香梅会过得毫无压力，至少也是衣食无忧。然而，这样的猜测很快就被打破了。陈纳德虽然为民航公司的负责人，而且也为这个公司倾注了毕生的心血，然而，在他晚年的时候，陈纳德却迫于当局的压力不得不将它拱手让给美国国家安全局，这一切陈香梅并不知情。虽然当初陈香梅很多时候都陪同陈纳德进出民航大楼，但陈纳德却始终认为要从事民航事业就要从基层做起，所以陈香梅并没有领得一个总经理之类的头衔，所以这类公司机密对于陈香梅而言同样陌生。

另外，可以想见的是，陈纳德面对这样艰难的、难以割舍的状况，当时该是如何痛苦，但他对陈香梅只字未提，就是为了保护妻子，让她不要接触到这些可恶的、令人痛苦的现实。虽然他费尽心思保护着爱妻，但却终究难以控制身后事。此外，陈纳德留下来的财务状况并不好，加上被前妻和儿女们一同分配，真正落到陈香梅手里的并没有多少，所以，此时的陈香梅要去面对的，是如何在丈夫离开后的日子里处理这些纷繁凌乱的事务。

作为一个母亲，陈香梅在沉重的打击中没忘记两个年幼的孩子，首先摆在她们面前的就是入学的问题，这成了她选择住所的首要条件。华府西北马萨诸塞大道四百号的一幢公寓是陈香梅看中定居华盛顿的住所，在它的前面有一个天主教堂的附属学校，孩子们可以在此上学，这解决她心头一桩大事。

另外要解决的，还是首要的生计问题。在当时那个时代，政府对于军方的遗属虽有照顾但却十分微薄，对于母子三人的日常开支来讲无疑是杯水车薪。比如陈香梅在政府那里领到的慰问金是三百元每个月，而她们租住下来的公寓每月就要支付三百七十五元；而且在政策上也不受倾斜，当时政府允许军方遗属反馈贫困的生活以获得资助，但前提是一年的收入少于一千二百元，如此近乎苛刻的条件几乎让这条政策废掉了。

所以，陈香梅需要找一份工作，这不仅仅关系到人生价值的问题，已经是关系到能否生存下去的问题。然而，此时的陈香梅无钱无势，只剩下陈纳德这个充满光环的姓氏。在美国要想找一份工作，技能很重要，理工科、经济类的专业的人才想要找到一份合适的工作相对而言比较简单，但陈香梅素来和笔杆子打交道，实操的经验也十分匮乏，再加上华人在美国就业环境并不算太好，因此，同当年在国内一样通过写文章赚钱的想法并不现实。

但是生活的担子无论多重、周围的境状无论多么不友善，陈香梅都必须去面对。对于姐姐妹妹们的帮助，陈香梅感到无比温暖，然而，她们也有各自的生活和所要面临的压力，伸出来的援手可以缓解一时的窘迫，但终究不是长远之计。就在亲人们回归正常生活轨迹之时，与他们挥手告别的陈香梅清楚而坚定地意识到，一切需要而且必须要靠自己了。

陈香梅开始动手去寻找生计的来源，的确，她不是娇滴滴的少奶奶，在没遇到陈纳德之前她也曾经是个生活的强者，也曾经在并不安逸的生活中顽强地生活着。如果说此刻她心里有苦闷的话，那只是因为陈纳德给予她的家太过温暖，那是任何一个经受过寒风霜雪的人都会向往的温暖。而此时，这份光和热消失了，她需要用自己柔弱的身体去御寒、去独自支撑那个缺失主心骨的家。想到这里，陈香梅不禁再次燃起对亡夫的思念之情，泪流满面。

从来，陈香梅都是一个充满魅力的女人，即便她的黄皮肤和黑头发让她无法享受同白人女郎一样的福利待遇，但这丝毫不影响她成为众多俊朗男士心向往之的女性。有人借着出版书籍、担任秘书的名头希望陈香梅能成为他们的"私人物品"，有人在"帮助安娜走出困境"的借口下频频向陈香梅提出"金屋藏娇"的请求，但这个傲然独立的女子却从来不曾妥协。

这些"视觉至上"的男人们低估了陈香梅深爱陈纳德的程度，更低估了陈香梅这个与众不同的女人。诚然，她当时的处境是艰辛而困难的，但她坚如磐石的信念和情深似海的爱恋却是她坚持下来的航灯。回想起陈纳德临终前将她托付给好友等事情，陈香梅十分抗拒。陈纳德希望她忘了他，但对于陈香梅而言那是不可能的事情，她可以忘掉一个负心的人、可以忘记一段痛苦的过往，但怎么能忘记一个深深爱着的人。

每当有人向她提起这些问题的时候，她总是满脸幸福地、坚定地称她是要和陈纳德将军合葬的陈纳德夫人，是不可以与外人结合的。听到这样的回答，有些人感到不可思议，难道这个女人疯了吗？竟能做出如此回答。但大多数人听完是折服的，在当时的社会背景和文化氛围中，对现实中的人尚且谈不上绝对忠诚，眼前这个女人竟然对一个逝者如此忠贞，实在令人敬佩不已。

就这样，陈香梅用自己的方式告诉所有人，她仍然深爱着陈纳德，她可以用自己的方式度过那些并不愉快的处境。经过一段时间的努力，1959 年她终于在美国乔治亚城大学找到了一个试手的机会，并以此打开了她在美国的奋斗之门。

她所接到的工作是一项关于翻译的项目，值得一提的是，当时的六个申请者中只有陈香梅一个女人，很幸运，她的才学和能力展露，最后顺利取得工作。当然，在工作的过程中，她也曾遇到过困难和瓶颈，比如要将一些只能意会的俚语精准地翻译成英文的确也不是件容易的事。但是，比起刚开始毫无着落的窘迫，这些问题显然已属轻松。除此之外，陈香梅在白天进行研究之余，晚上还会教中文和读书，每天忙碌而充实的生活成了她习以为常的节奏。

陈纳德曾经告诉陈香梅，如果想要消除烦恼，行之有效的办法就是不断地增长自己的见识和能力。虽然逝者已矣，但这些教诲却深深地印在了陈香梅的脑海中，她知道自己亟待提高的首要能力就是英文的水平。虽然这个语言对她并不陌生，然而在一个把英文当成母语的国度里，原来学会的那些基础已明显不够用。除了英文，她还特意选修了公共演讲这门课程，这在后来竟成了她工作的利器之一。总之，陈香梅在维持生计的同时还不忘给自己充电，这个习惯一直保持了下来。

如果换成其他人，也许此时觉得命途多舛，或抑郁不前，或伤心欲绝，然而陈香梅却用自己柔弱的双肩扛起了那些生命的种种不易，并且在坚持中开出了别样的红花，迎来了属于自己的春天。

一千个春天

也许刚到华盛顿的陈香梅并没有什么奢求，她的初衷只是维持自己和女儿的生计，在自食其力的同时能保留自己的兴趣写写书。至于步入政坛那都不是事先设定好的程序。然而，世间的事情往往就是这么奇妙，好多机会会在纷繁事中悄然而至。

在美国，不同肤色之间待遇的差别并不是秘密，陈香梅虽早有耳闻，但刚到美国时"陈纳德夫人"的称谓给她省去了不少麻烦。她可以在常驻的酒店管理处拿到最优惠的入住价格，也可以在当地善意的居民那里获得些许援助。然而，当离世的丈夫渐渐不为人们所记得时，那些隐藏在最深处的尴尬开始让她举步维艰，最后，甚至连一个再普通不过的车位都会因为与生俱来的相貌特征而和"偏私"一词联系起来。

也正是在这个时候，恰逢美国四年一届的总统竞选，此时为了积攒人气，美国两大党派民主党和共和党都派人来游说陈香梅，希望她能到他们帐下效力，以此获得更多的支持。面对这样的选择，陈香梅没有过多而复杂地考虑，她坦承而直率地告诉他们，如果哪个党派能帮着她解决车位的问题，那么她就会加入其中。坚定的信念里还透露出了一丝难能可贵的可爱之气，显然她不是在开玩笑，车位的问题看似小事，但却它的背后却隐藏着敏感而重要的问题。

很快，共和党将陈香梅反馈的问题和背后隐藏的社会情形进行了调查了解，并迅速地帮助陈香梅找回了自己的车位。看到共和党对自己提出的问题如此重视，陈香梅自然十分感谢，决定参与共和党的建设，并帮助尼克松参加当年的总统竞选。当然，刚加入其中的她一开始并没有接触最核心的事务，更多的是进行一些与大选相关的实操性的工作，比如安排选民参加竞选，或者到少数民族区去演讲。

这些经历让她开始从另一个角度认识美国大选，同时也认识到民众在大选中充当的角色，而对于陈香梅本人来讲，这更是难能可贵的学习机会。虽然她所支持的尼克松最后以微弱的优势落败，但是，对于陈香梅来讲，这是一次拓荒式的工作，证明了她在政治活动中的能力和魅力，更为她寻找到了此生第二份事业——"政治"。在对手肯尼迪上任后，陈香梅收到了来自新一届政府的委任邀请，陈香梅出席了当时的就职晚宴，并正式踏入了政坛最中心的领域。

在忙碌的工作中，陈香梅从未放弃自己喜爱的写作，1962 年，陈香梅的倾力之作《一千个春天》在纽约出版，并且很快成了当年的十大畅销书之一。这本书向人们展现了一个聪慧、豁达的才女此前的种种经历和故事，尤其是她与陈纳德将军那段旷世奇缘、心心相印的爱情更让许多人为之动容。《一千个春天》刚一出版就被抢购一空，一年之内这本书竟然销售了二十版。当时的美国文坛是十分热闹的，尤其是人物传记、文学与回忆录，都是最受人们追捧的题材，因此这类书籍写的人最多，出版方从来不缺乏素材，稿子审起来也比其他文章更加严格苛刻。但陈香梅的这本书一经投递就被出版商看中了，并且很顺利地出版发行。在追求自我的美国，一本人物传记，尤其是东方人的人物传记能有如此销量，可谓一个奇迹。

这本书的畅销让很多美国人认识并了解了陈香梅，甚至有好莱坞的导演想将这本书的故事拍摄为电影，其影响之大可见一斑。然而，本书最重要的意义在于，它使得许多外国人开始被她所折服，对于她的一切都十分感兴趣，于是很多俱乐部和杂志开始邀请她去演讲，结果当然是显而易见的，陈香梅丰富的内涵、过人的胆识和娴熟的演讲技巧使得她在每一场演讲中都频频赢得满堂彩，俘获了不少听众的心。一个年轻美貌的东方女人正在用她的智慧和能力向人们展示着自己独特的魅力。对于各种不同的声音，她同样应对自如，因为她知道，此刻她的一切举动已经不单单是一个女人的行为，而是代表了中国人甚至是亚洲人在西方国家中的印象。即使比她初到华盛顿时声望高了不少，她依然活跃在演讲的舞台上，而且听者如泉涌，很多人都慕名前来听课。有些课程陈香梅是收取费用的，而且是与白人教授一样的价钱，这是她在实践自己"同工需同酬"的理念。

的确，她是成功的。美国上流社会开始关注这个充满智慧的女人，很多重要的场合开始向她发出邀请，身价甚高的政治达人开始同她握手。这与刚到华盛顿时的情景有些不同。当初，在乔治亚成大学负责项目研究的时候，陈香梅应邀参加了陆军上校马里兰·麦考密克家的一次宴会。热情的马里兰夫人将她介绍给了伯尔·梅斯塔。当时的梅斯塔是华盛顿出了名的交际夫人，很多媒体都将她称为华盛顿的女主人，加上当时的总统杜鲁门偶尔会到她家去做客，因此声名鹊起，而且越来越红，大有势不可挡的意思。

梅斯塔最初对于一个远道而来的中国女人并不十分感兴趣，因为在她看来，眼前这个年轻美丽的夫人实在没必要在华盛顿虚度年华，她应该找个新的夫婿结婚安稳过日为佳。当时的陈香梅刚刚走出人生的低谷，各方面尚未积蓄齐备，因此看上去不过是一个有点学识的女人罢了，所以梅斯塔并不认为陈香梅的选择是正确的。然而，即使是交际界的翘楚也有看走眼的时候，她眼前的这位 30 多岁的女人，在后来的日子里凭借出色的能力和非凡的毅力成功地在美国的政坛上闯出了自己的一片天空，这一点是梅斯塔夫人始料未及的。

媒体大肆的报道让陈香梅锋芒更胜，甚至称其取代了梅斯塔夫人的地位、成为华盛顿新的社交女主时，梅斯塔终于按捺不住拨通了她的电话，并要求与她谈上一谈。陈香梅应邀来到她的府邸，并且谦虚和善地告诉梅斯塔，她并没有任何要夺走她风头的意思，无论时局如何变动，梅斯塔都是大家心目中的华盛顿女主人。陈香梅的态度让梅斯塔感动万分，又有些意外，因为此时已负盛名的陈香梅竟然有如此谦和的态度，实在是极高的修养。

在美国生活了一段时间之后，陈香梅已经能够熟练地从适应当地的社交文化切换到运用社交文化，并与上流社会的美国人一样经常在家中宴请贵宾。这是一个重要的社交场合，是展示陈香梅和连接她与外界的重要桥梁。在认识她的美国人眼里，她是极好交往的社交达人，不仅充满智慧、能力出众；同时与她交谈很受启迪，十分具有吸引力。此外，她出色的厨艺也是令大家赞不绝口的才华，能品尝到她做的食物是令人愉快的事情。

一个中国女人在丈夫去世之后不仅没有丧失生活的主动权和支配的能力，反而凭借自己的魅力为自己开创了一片新的天地，着实令人敬佩。此时的她犹如一颗冉冉升起的新星，前路还有许多辉煌和精彩的故事等待她去开启和演绎，也正是从这时起，人们才真正认识了这个非凡的中国女人。

白宫里的华人

我们经常听到这样一句话："机会总是留给有准备的人"。这句话用在陈香梅身上，用来形容她的从政经历是再合适不过的了。在美国定居初期，三十多年来陈香梅一直没有什么党派信仰，而当人们问起她为何会成为共和党的一员时，她总是开玩笑地说，自己是因为一个车位而成为共和党人的。然而事情的来龙去脉却远没有一个玩笑那么简单。

陈香梅最初到美国或多或少都因顶着陈纳德将军遗孀的名谓得以获得一些支持，然而这并不是长久之计。陈纳德将军曾经在很多时候向她介绍美国历史和文化，并且鼓励她深入的研究和学习。这一番鼓励被陈香梅所接纳，因此，当她以个人的名义在美国开始讲演时，关于美国历史和文化的独到见解让很多美国人都称赞折服。

要想在华盛顿的上流社会让别人认识并被快速地记住，光靠先夫留下来的光环是远远不够的。出门在外、孤身一人的陈香梅深知朋友的重要性，所以陈香梅以聪慧的才华和无人能敌的亲和力与当时华盛顿名声大振的女主人们十分要好，她们甚至于认为当时上流社会中新起的气氛是起源于这位让她们另眼相看的朋友这里。

的确，在当时，将军遗孀这一类人并不少见，但她们很多人都选择在孤独中安静地度日，有些人甚至被忧郁的情绪束缚终老，人生道路变得黯淡失色。唯有陈香梅，一个年轻漂亮、聪颖过人的东方女人，在不断地挑战自己、挑战命运，她不会让自己在哀痛中耗尽余生，她相信自己柔弱的肩膀同样可以支撑起一个家，可以实践出精彩的人生。这本身就是极具勇气的事情，更不容易的是，她居然还取得了不小的成绩，这一点确定给予她们以新鲜的冲击。

此外，陈香梅更知道，虽然自己擅长写作，然而如果只是这样普通的写文出版，并不能从中出脱，因为美国的作家很多，学者更多，所以，一些尖锐出众的、令人耳目一新的观点就显得尤为重要。正是基于上面这两点才使得她开始走入人们的视线并且被牢牢地记住。

出色的才能让她在民主党当选后不仅成为座上宾，还在肯尼迪的委任下，出任协助美国难民救济总署的主席。白宫的玫瑰园绿草茵茵，交相辉映的树木在蓝天下显出多姿多态的美，阳光明媚而灿烂，一切在晴朗的天气中令人心旷神怡。

陈香梅在这个美丽的花园里实现了自己华丽的转身。

陈香梅的前路是在白宫展示一个华人的能力和风采。作为难民救济总署的主席，她将化身成一位美丽的天使，去帮助那些处在水深火热中的人，以及那些笑容天真但境况并不乐观的孩子们。能加入活动当中，陈香梅感到十分振奋，她热情地、辛勤地投入其中，为自己能帮助这些人而感到骄傲和满足。

这不是一件容易的事情。在美国，即使是本地女性也未必有这样的能力和才学获得白宫的青睐，更何况是在种族歧视严重的大背景下，一个中国女人生活在其中更是举步维艰。因此，陈香梅的行动不仅仅是成就自己的尊严，而是对男女平等、种族平等的倡导和实践，更成为了第一个进入白宫的华人。

身为一个华人在美国立足和寻找奋斗方向，陈香梅的想法十分清晰。在她看来，真正有能力的华人应该通过自己的努力走进美国的上流社会，在那里释放自己的价值以及改变别人对华人固有的、有时甚至是错误的认识。一直以来，不少中国人不得已漂洋过海来到美国谋求生计，很大程度上是受当时积贫积弱的国情影响。他们中不乏有些人通过努力后让自己和家人的生活有所改善，但是，这些改善更多时候是局限在中国人的小圈子里面。一个是大环境和大背景下，中国人无法自由地施展自己的才华；二来，不是所有人都有远大的理想和抱负，更多的是追求生活上的改善。陈香梅何尝不知道这样的情形？对此，她提出了两个令当时所有人都感到惊讶的主张，以至于当时有保守主义的人甚至说她这个将军的遗孀"想造反了"。

她的第一个主张就是中国人不应再替别人洗衣服了，第二个就是中国人应该走出中国城。这两项主张在当时的人看来是破天荒的主意。的确，中国人在美国被称为华工，他们不仅地位低下而且生活处处受限，如今面临这样的处境，唯一能打破现状的就是靠自己了。陈香梅用自己的行动告诉他们，走出唐人街、中国城，在洗衣服以外的行业中也能有所建树。这不仅是有可能的，而且还是成功的。

也许有人说她是因为先夫的原因才能顺利进入美国上流社会，并如鱼得水。这样的想法其实是片面而偏激的。客观地讲，陈纳德将军是促使陈香梅定居华盛顿的重要原因，但真正叩开美国上流社会大门的敲门砖是她自己经过不懈地努力和探索，以惊人的毅力和非凡的魅力获得的。陈香梅曾经说过，她为陈纳德将军夫人这个称谓感到骄傲，但更让她感到骄傲的是她在白人的世界里无所畏惧地闯荡、独自闯出属于自己的那一片天空。陈香梅为在美国谋生的华人、在世界各地谋生的华人、甚至包括中国的华人都树立了一个榜样，一个不怕艰辛、在逆境中顽强拼搏的榜样。

从肯尼迪到尼克松再到后来的总统们，他们无一例外地看中了陈香梅的才华并且向她伸出了橄榄枝，邀她加入自己的政治团队。然而，致力于进入美国上流社会打拼的陈香梅并没有因此而被那些摄人心魄的政治权力俘虏，也没有任由自己被那些说词所说服，她始终保持着不偏不倚的政治立场，既有鲜明的政治主张，又有磊落的政治作风，无论是最初肯尼迪时代的难民救助总署主席，还是后来的白宫进出口贸易委员会副主席、国际合作委员会主席、美国总统府学者委员会主席……先后八位美国总统的重用使她比起原本就加入各大党派的所谓前辈们来讲，都是为数不多的政坛常青树。而她所选择的这些有职无薪的工作更让她高尚洒脱的人格魅力彰显于世。而陈香梅之所以选择这些重要而薪金并不丰厚的工作，也是因为她深刻地了解自己的个性是不适合卷入权力斗争之中的，更何况入阁的薪水不多，这个水平对于需要撑起一个家的女主人来说，其作用是十分有限的。

的确，当人们把重心聚焦到她的种种光环上时，也许有人会忽略她身上的另一个重要的身份，那就是两个女孩子的母亲。孩子们很小时父亲就离开了她们，这让陈香梅更加关注她们的成长和未来，这是她生活中极为重要的部分。如果说她的努力有什么动力的话，那么实现人生价值是一方面，照顾好孩子们、成为她们的依靠是另一个重要的因素。

　　和许多母亲一样，陈香梅伴着孩子们成长的过程中也有自己的烦恼。比如孩子们渐渐富有个性、越来越有自己的主张，以及渴望被了解的内心。陈香梅在外气魄万般，回家之后也能收拾好心情、把锋芒藏起，给予孩子温柔和温暖。正因为如此，孩子们也如同她一样变得坚韧不失活泼、个性不乏温情。推开房门，女儿们精心挑选的红玫瑰让陈香梅感受到了浓浓的爱意。

　　为了让孩子们能过上安稳的日子，陈香梅必须找到一分适合自己并且能带来可观收入的工作，这中间她考虑了不少行业和门路，最后发现，还是自己熟悉的领域——航空业更加得心应手。然而，摆在她面前的一些客观的事实不得不去考虑，一是这个行业一直以来都是男人的行业，这就意味着女人如果要加入其中的话必须付出更加辛勤的努力。第二，无论是哪家航空公司都有棘手的问题需要去解决，那些错综复杂的国际关系，一个东方小女子能否顺利解决？种种问题摆在陈香梅面前等待她去面对和解决。人们对此也充满了好奇，因为大家都想知道，这一次，陈香梅又会用怎样的方式来实现前所未有的飞跃。

飞虎航空公司

　　对于陈香梅而言，她与头顶上那片广阔无垠、蔚蓝壮美的天空缘分极深。从与陈纳德将军相识起，她就与航空事业难舍难分。当陈香梅在美国定居十来年后，她的生活状况已经大有好转，收入不菲的高额演讲让她有了充足的收入。不过，这项工作也有它的弊端，那就是经常要飞往全国各地，奔波得很，于是陈香梅开始将重心放在担任美国企业顾问的工作上，其中最重要的顾问工作就是担任美国泛美航空公司和飞虎航空公司的顾问。这两家公司中，前者侧重客运，后者侧重空运，因此不存在冲突。而率先打破这一平衡的则是飞虎航空公司的一纸聘任书。

飞虎航空的总裁罗勃特专程选了一天来到华盛顿陈香梅的办公室门前，希望与她见面并打算聘请她为飞虎航空国际部副总裁，他此行的目的非常明确。飞虎总裁的亲自到访并没有令陈香梅感到十分意外，毕竟她已做了几年飞虎航空的顾问，不过飞虎公司所表现出来的急切却让她有些不甚理解。

飞虎公司单刀直入，没有过多的寒暄或溢美之词，便坦诚地邀请陈香梅加入他们的阵营，并且还率直地希望她尽快离开泛美航空。当陈香梅告诉他们她与泛美之间存在合同关系需要时间解除时，飞虎公司的总裁则十分急切地询问她能否在次日将问题解决。面对飞虎公司热切的希望，陈香梅冷静而沉着地将自己关于加入飞虎的薪酬、办公环境等方面的要求悉数表达了出来，简要而清晰。本以为这些要求，飞虎航空得花上时间研究一番才能做出结论，没想到他们竟然毫不犹豫地应允了下来。

他们的这些异于正常商谈的做法让陈香梅最终发出了自己的疑惑并直接询问，如此急切是不是出了什么大问题。终于，飞虎航空知道在这个聪慧干练的女人面前，这样仓促的表现是逃不过她的眼睛的，于是将事情的来龙去脉和盘托出。

在20世纪70年代的美国航空业，泛美国际是当之无愧的龙头老大，不仅仅因为它是全美唯一一家有全球飞行业务的公司，同时它在美国国内和亚洲地区的业务扩展比起其他公司来也显得成功不少。其中，在越南地区获得的定时降落权也是令很多急于开拓亚洲市场的同业艳羡不已的。而这个令人满意的结果，陈香梅从中斡旋的功劳是不小的，也正因为这个原因，飞虎急切地找到她并且希望她尽快就职，能就越南地区业务开展上遇到的问题提出解决办法。

飞虎的意图如此明显，竞争对手泛美航空也得到了这个消息。对于飞虎航空如此"明目张胆"地挖墙脚，泛美自然不会坐视不管。于是他们开始找人游说陈香梅，并且开出了极为可观的高薪希望她留下。在航空业这个男人的世界里，为了一个才华横溢的人才争来争去的现象本来就不多见，为了一个东方才女互相开出优厚的条件争揽则可以称得上是奇闻了。

此外，还有一些航空公司闻讯赶来，他们同样希望能用丰厚的回报和充满期待的前景让陈香梅加入其中，一时间，陈香梅在华盛顿的办公室门庭若市，她成了美国航空界炙手可热的人物。最后陈香梅并没有选择泛美，虽然他们当时的业务发展趋势令人感到高兴，但他们的企业氛围却弥漫着一股说不清的傲慢，总是端着一副高高在上的架势，这让陈香梅感到十分不适，此外，抛开薪金不讲，飞虎航空给予的发展空间和舞台更加广阔，因此，陈香梅最终出任了飞虎航空的国际部副总裁，并在公司高层的催促下前往越南西贡解决困扰飞虎的心头之患。

对于陈香梅而言，自己前往越南进行航权谈判是没有问题的，公司最初也并没有一定要律师们陪同，但律师们还是执意要与陈香梅一起前往。也许是在美国涉及到税务、法律的事宜都需要依靠律师去解决，所以他们在企业中的地位自然不容小觑，也正因如此，他们提出来要求陪同前往的提议也确实找不出否决的理由，这是原因之一。其次，此前这些地位高上的律师们已在越南屡屡碰壁，如今总裁亲自前往华盛顿，诚邀一个东方人，而且还是一个女人来解决此事，这或许令他们多少有些不平衡，从心底里对于陈香梅这个女子能被如此器重而感到心中不服，所以他们也想去看看这个看上去有些柔弱但却颇具才华的小女子到底将如何解决这个难题。

既然一纸合约受雇于人，那么陈香梅对公司中不违背原则的事务自然不会反抗，于是总裁、律师与陈香梅一同来到了越南西贡，准备为航权一事进行谈判。在尚未接触越南当局时，公司方面的建议是一行人先行拜访美国驻越南大使，然后再去会见越南当局。然而，陈香梅却不同意这样安排，因为如果在尚未进行任何活动之前就与美国大使谈话的话，那么飞虎此次来越南的目的便无形中告知给了所有人，这其中包括了飞虎的对手泛美，还有其他名不见经传的竞争对手，显然，这对于飞虎航空接下来的工作安排甚至是未来的战略部署都是十分不利的。

律师觉得陈香梅思虑过多，因为他们以往乃至现在的出国寻访都是按照这样的方式来完成的。幸好，总裁听进了陈香梅的意见，他认为这位新晋副总的考虑是有道理的，于是在总裁的授意下，他们先行找到了越南当局准备谈判。就在陈香梅打算按照自己的安排进行时，律师们开始在一旁"教授"她如何谈判、如何稳操胜券。比如他们要求陈香梅向越南当局施加压力，告诉他们美国对他们的重要性；或者是强调此前美国对越南的种种示好等等。其实这些律师们在越南并不受欢迎，他们在陈香梅之前已经来过几次，但每次都无功而返，而他们所主导的谈判方式恰恰是他们失败而归的症结所在，因为他们缺乏对谈判对象最基本的尊重。

　　其实陈香梅在飞往西贡之前，已经通过妹妹陈香莲和妹夫联系到了越南方面，换句话说，陈香梅已是有备而来，因此，律师们这套不切实际和缺乏现实意义的指导对于她来讲形同虚设。果然，陈香梅凭借个人的人格魅力和高明的谈判手段，在双方会谈的一个星期之后，拿到了飞虎航空公司在西贡的定期航班签证，而她在飞虎承接的第一项任务也圆满完成了。而这一次的大功告成又给了那些对她并不信任的律师们、高层们一个事实，那就是，一个你们不看好的东方小女子的确把你们未能完成的事情解决了。

　　此后，飞虎航空开始对她刮目相看，他们放心地把亚洲地区的航权谈判问题交由陈香梅处理，其中包括了令陈香梅自己都感到十分难缠的新加坡航空权和日本航空权。不过，陈香梅的价值就是在这些所谓的困难面前得以体现的。她开创性地与新加坡航空公司订立了前所未有的交换条件，那就是同意新加坡航空的职员到美国西岸总部进行培训，在当时，这种跨国的航空培训是极为少见的，然而飞虎航空却基于对陈香梅的信任而同意了这个建议，当然，飞虎航空也顺利地获得了他们想要的新加坡航空权。

　　在总裁罗勃特担任飞虎航空掌门人的时候，陈香梅的很多意见和建议都得到了尊重，加上她对飞虎航空亚洲区的业务扩展贡献卓著，因此飞虎航空凭借亚洲地区的业务获利颇丰。然而，当罗勃特因罹患重病离开人世之后，飞虎航空开始更换总裁。新上任的这位总裁在业务发展方面显得激进得多，他不仅大肆扩张飞虎在欧洲的业务，而且业务的触角开始伸向音响业、餐饮业，对此，陈香梅是持反对意见的。在此后的日子里，飞虎航空持续地用在亚洲赚得的利润去填补上述扩张的亏空，虽然勉强支撑了一段时期，但最后还是因为鞭长莫及、无暇兼顾而不得不宣布失败。威名一时的飞虎航空终究走向了日落西山的沉沉暮霭中。

　　陈香梅在帮助飞虎航空攀上事业顶峰的同时，也成就了自己，成了全美国乃至全世界都交口称赞的女高管。除了自己成功之外，陈香梅还致力于培养一些后辈人才。在陈香梅的办公室里，经常可以看到一些年轻的面孔，他们或许是正准备写论文的博士生，或者是一些暑期短暂学习的学生，或者是刚刚走进社会的职场新人。无论是谁，只要走进陈香梅的办公室都能获得满满的收获。

　　此外，陈香梅在鼓励培养后起之秀的同时，还协助他们在各行各业有所晋升，后来这些人分别进入到了美国的各个政府部门、商业机构或是教育组织，这让陈香梅备感欣慰。在她看来，任何人在成功之后，都要懂得爱屋及乌，要运用自己的能力提携新人、培养接班人。

海峡浅浅，情谊深深

陈香梅凭借自己的努力和惊人的毅力，在美国闯下了属于自己的一片天空。在很多美国人的眼中，她是精明能干、魅力十足的东方女人，1972 年，她当选"全美七十位最有影响的人物"之一，这在美国历史上是极少见到的。她的一举一动在很大程度上改变了美国人对东方人尤其是中国人的固有观点。

然而故土之情对于陈香梅来讲，依旧是生命中难以割舍的那一份情。陈香梅精彩而传奇的一生起源于这个古老的国度，她美丽缠绵的爱情生长在这个东方国家，她后半生在异国他乡的奔波奋斗也离不开深深的故土情结。

1949 年，沉睡了千年的东方雄狮终于自尊自立地站立起来，但由于许多复杂的原因，自那时起，中美之间就开始隔绝开来，而且一隔就将近 30 年。但这中间，浓浓的思乡之情让陈香梅无论是身处困境时，还是功成名就时，都时时刻刻关注着中国的发展，因为那是她的故乡，即使当年炮火连天，她都将同胞们视为生命之重，从未间断过对他们的关注。

当时的通讯并没有今天这么发达，陈香梅只好不断地通过最新的报刊来了解中国的情况，并为这中间发生的天翻地覆的变化而感到由衷地高兴。此外，她还保持和国内亲友们的通信，尤其是和舅舅廖承志书信往来让她更深入地了解了当时的中国，而陈香梅也在书信中常常向家人介绍美国的情况。这样的鸿雁传书已经让陈香梅成为了中美之间交流的使者，只不过此时的连接范围还尚且有限。

在白宫，政要们也都对中国的情况饶有兴致，他们想要更多地了解真实的中国但无法通过外交政治手段实现，所以，对中国情况了熟于心的陈香梅成了他们了解中国的一扇窗户，就连总统尼克松也常常和陈香梅这位老朋友讨论中国的情况。陈香梅借助这样的机会，开始凭借个人的政治魅力从中做一些穿针引线的工作。也许她自己并未意识到，自己的那份炽热的情感和这些看似不经意的举动却为20世纪影响世界政坛、极为重要的尼克松访华作出了重要的贡献。

虽然美国的政坛风云变幻，但陈香梅却始终能在当局那里获得信任并委以重任。几年后，里根当选了美国总统。就在这位新总统上任的一个月后，陈香梅就被总统亲授重任，她在里根当选的道路上成为他十分信懒的伙伴，这次的重任不是关系美国的国计民生，不是关系总统大权的巩固，而是让她作为总统的特使前往北京，将里根总统的一封亲笔信带给邓小平，与陈香梅同行的还有曾任美国空军"飞虎队"成员的参议员史蒂文斯。

　　在这样的大背景下，陈香梅在 1980 年踏上了故土，这是她在离开北京 30 年后第一次如此亲近地接触故乡。30 年的时间是漫长的，那是一个人一生中并不短暂的年华，但是思念却永远是崭新的，无论离得多远、隔开多久，总能把心牵在一起，从未远离。这些年，陈香梅从书信文字中了解到了故土的面容，但当她真正在飞机上看到这片热土，真正踏上这片土地时，陈香梅依旧难以抑制内心的激动和感慨。

　　按照行程的安排，陈香梅在当天下午便开始了此次的行程。邓小平在北京亲自会见了陈香梅一行，一坐下来，邓小平的幽默风趣便让在场的人变得轻松自然起来。会谈中，双方相谈甚欢，陈香梅也在这其中转交了里根总统关于发展美中关系的亲笔信。

　　第二天，人民大全堂举办了盛宴，准备宴请陈香梅一行。在安排座位时，邓小平风趣地说道："陈香梅坐第一，史蒂文斯先生坐第二。因为参议员在美国有 100 个，而陈香梅嘛，不要说美国，就是全世界也只有一个。"这句话是对陈香梅极高的评价，的确，在全世界找出将人生演绎得如此精彩的人，确实是不多见的。

　　就这样，在回到故土的第一个盛宴上，陈香梅坐在了第一贵宾席，而史蒂文斯坐在次席。第二天，所有主流报纸都纷纷报道了陈香梅一行来华的消息，纷纷在头版刊登了邓小平和陈香梅握手的照片。陈香梅开始以一个中美使者的身份出现在公众的视野中。人们并不感到意外，因为这个出类拔萃的美丽女人完全有这个能力。纵观当时的世界，也确实没有谁能如同她这般自如地穿梭在中美政坛中间。同时人们又有些惊讶，因为这个东方女人竟能将此驾驭得如此出色。

陈香梅此行主要待在上海和北京，除了三次受到邓小平的接见外，更多的时间是用来以独特的视角观察这个新兴的、正准备腾飞的中国。当年，她与陈纳德走遍中国大江南北，看见了许多生活在水深火热中的贫苦人们，当时的她心如刀绞；如今，看到一个奋发向上、努力向上的国家，还有那些生活开始有起色的人们，陈香梅心中感到由衷的欣喜。

对于她来讲，曾经那些积贫积弱的血与泪，犹如一把尖刀刺在心头，让她伤痛不已。这么多年的经历和坚持，她比谁都更知道国家强盛的意义和重要，也正因为如此，她始终没有放下心中的这个情结，始终不曾放弃奋斗和努力。

从那以后，陈香梅就经常奔波于中美两国之间，人们将她视为传递友善的天使，并亲切地将她称为"中美民间大使"。而作为演讲大师的她，又将她在中国的所见所闻，还有那些人们尚未发现的闪光点、新鲜事物融进了她的演讲话题里，并以此开展了她在全美进行的中国问题巡回演讲，所到之处人潮涌动、掌声如雷。

在白宫，她向那些端坐在办公室足不出户的议员们介绍有关中国的一切，生动而详实的内容、声情并茂的讲演，让很多人开始知道原来在太平洋的另一边，同样生活着一群可爱的、热爱生活的人们，他们正在用自己的勤劳和善良努力地生活着，而他们之前的所有成见在这些生动的故事面前，变成了偏激固执的想法。有人说，陈香梅就是一部"中国字典"，然而在陈香梅看来，她是在用自己的方式把中国的一切告诉他们。

由于历史的原因，陈香梅对台湾有着不可言说的感情。作为她居住了十几年的老地方，台湾可以说是陈香梅除了北京之后的第二故乡。在那里，她和陈纳德一同经历了飞虎公司的成长，同时也收获了众多的朋友。战争和政治将这条海峡变成鸿沟，"三通"前的封闭更让海峡两岸的人民对彼此充满了误解。而陈香梅，正是解开这一误解的金钥匙。

在台湾，廖凤舒和陈纳德的朋友圈是陈香梅最为熟悉的交际关系网；在北京，廖承志的朋友圈又是陈香梅来往中美最重要的会见对象。这两群人，因为地理和政治的原因没有沟通的意愿和机会，但陈香梅却机缘巧合地成了其中穿针引线的人。

在台湾，她会向自己的朋友们讲述在北京和其他地方看到的日新月异的变化和繁荣的影响；而在北京，关于台湾的风土人情和台湾商人希望能扩展市场的愿望成了她最重要的讲话内容。冷战刚刚结束的格局下，海峡两岸直接对话可能比较渺茫，但陈香梅一来二去的带话，却在解答两岸人民心中最关心的问题的同时，将原本就流淌在中华儿女心里的民族热情点燃。

政治上的差异改变不了同宗同祖的源远流长，立场上的不同也不会消融黑眼睛黄皮肤的民族特征。或许，彼此靠近的脚步在前进的过程中会遇到意想不到的障碍，但这些都无法改变两岸人民和平统一的美好心愿。鼠目寸光的人会对陈香梅的行动提出质疑，毕竟十几年前随时可能剑拔弩张的局势确实没有给人提供想象的余地。但所谓视野决定高度，在看过了美国南北战争后的稳定和逐渐转向和平的世界趋势，陈香梅对中华民族的统一更加充满了信心，尽管这样的情绪有时不为周围的人理解，但它依然在陈香梅的心里翻滚升腾。

终有一天，这条浅浅的海峡将不再成为政治阻碍下的地域阻隔，因为这湾蓝色的海峡两头早已溢满了最质朴的思念和最深切的情谊。

第八章

春风不改旧时波

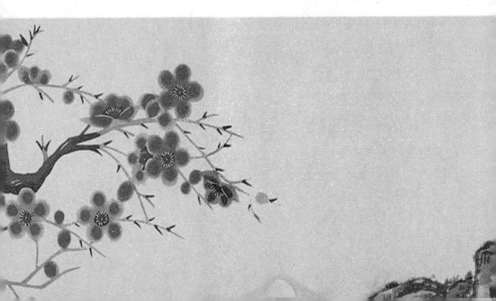

芷江，南京

　　每一段历史都有它独特的意义和作用，即便是充满苦难的民族屈侮史也能在新时代民族复兴的事业上留下难以磨灭的记忆和教训。

　　在中国抗战史上，出名的城市比比皆是，有的彰显的是侵华日军发动全面侵略后，中华儿女抗击日本人野蛮侵略的感情，有的则是标记一个落后民族必然挨打的伤怀。台儿庄、卢沟桥、南京、芷江……这些耳熟能详的名字虽然如今只是简单地罗列在历史课本上，但城市背后千千万万的抗日英雄和普通民众的故事却远比人们想象的复杂得多。

在那场血雨腥风的战争过去 50 年后，陈香梅应美国国防部的邀请成立了纪念珍珠港战争和反法西斯战争胜利五十周年的纪念小组的成员。作为新世纪为数不多的亲历过那场战争的见证者，陈香梅的特殊经历和她在中美两国间的斡旋让她成为美国政坛中恢复那段与亚洲相关的历史的最佳人选。当年她用自己文字和思考记录下了时代的变迁，如今，她重新踏上这片久违的土地，用新的眼光和视角重新为年轻一代梳理出时代的脉络和历史的轨迹。

作为中国抗日战争中日本侵略军正式受降的地方，芷江成了陈香梅首选的地方。

经过十四年的抗战，中国军民用自己的血肉之躯阻挡了日本侵略军的肆意扩张，并最终使其在陆地作战和航空作战上彻底失败。垂死挣扎的日军，在 1945 年 6 月发动了大规模战争，企图扭转惨败的局面。可惜，大势已去，中国军民胜利的局面早已不是日本侵略者所能改变的。8 月 8 日，日本迫于美国原子弹的威力，结束了这场长达十四年的惨无人道的侵略战争，而发生在芷江附近的湘西会战就成了中国抗战史中最后一次大规模战争。

展览馆里，年代久远的战争文献和当年英雄们作战的物品安静地陈列在玻璃橱窗内，惊心动魄和血雨腥风的过往在这一刻仿佛凝固了一般。

双手触摸在玻璃窗上，陈香梅的心被一股来自历史的激流激荡着，那些曾经流淌在中国人心中对于侵略者的憎恨，伴着对和平的渴望和对英雄的憧憬，一齐涌上心头。她想起那时在香港时修女们惊慌失措的眼神，想起逃亡路上那些因为战争而流离失所的无辜少年，想起昆明城里时刻随着战争局势变化而或喜或悲的目光，更想起陈纳德从战场下来的飒爽英姿和炯炯有神的眉目。

陈香梅依稀记得当年自己采访飞虎队成员的场景，一场访问尚未结束，上战场的号角就被吹响。望着那些匆忙跑向飞机驾驶舱的青年们，陈香梅的内心除了对战争的恐惧外，更有对战士安全的担忧。

矫健敏捷的身躯是一个男人年轻气盛的表现，如果没有这场战争，他们或许已经在其他行业开始自己全新的人生旅程。他们可以成为精通法律的律师，可以成为善于经营生意的商人，可以成为熟练运用文字的作家，可以成为精于图纸测绘的工程师。即便他们不能成就一番辉煌的事业，但那颗年轻脉动的心也会让他们寻找到人生最灿烂的片段，哪怕只是经历了一场儿女情长的风花雪月，也比浴血沙场幸福许多倍。

战火无情，这些关于另一种人生的规划在敌人破国门而入的时候就只能是虚妄的幻境。逃避解决不了问题，忽视只会让残暴更加肆虐。年轻的男儿们用牺牲自己梦想和生命的代价换来了奋勇杀敌的勇敢，未知的死亡固然令人恐惧，但这种偏向虎山行的气魄却令人动容。

那一刻，陈香梅想记住他们的名字，但成千上万前仆后继的英雄却终究难以付诸笔端。这或许正是人们常常用"默默"二字形容万千抗日英雄的缘故吧，当他们驾驶飞机穿越云层与日军展开殊死搏斗的时候，那份壮烈并不是为了青史留名，而是实实在在地希望国泰民安。从这点上讲，与其说"我记住了你的名字"，不如说"我因为你而安然无恙"。

历史无法重写，但留在心灵深处的关于记忆的片段却总能在影像的牵引下泛滥。当图片和文字写下了关于真相的记录，人们除了可以还原历史的本真，更能给因为战争而牺牲的人们一个明确而清楚的交代。然而，即便是铁证如山的历史，别有用心者还是会信口雌黄，肆意否认。这其中，最让陈香梅感到震惊和气愤的莫过于日本侵略者将侵华战争说成"协助中国改变殖民地位"这令人啼笑皆非的借口，以及他们对南京大屠杀的否认和歪曲。

殃及全球的第二次世界大战，给各国人民带来了妻离子散、家破人亡的悲惨经历，细数战火燃烧的国度，能侥幸未波及的城市并不多，而这其中，上演惨绝人寰的大屠杀的城市更是数不胜数。如果说，在这场战争里，每个国家都有一个城市是受灾最严重的，那么中国的自然是秦淮河畔的那座金陵古城。

　　很难想象三十万活生生的生命是如何在几天之内消失的，那样的场面用血流成河、尸骨成山来形容显然不为过。"美丽人生"里，被纳粹逮捕的父亲夜深人静的时候不小心抱着孩子迷路在迷雾中，那堆高高耸起的白骨成了他难掩的噩梦，现实生活中如山的尸体构成的山丘又何尝不是极少数幸存者挥之不去的梦魇呢。

　　繁华的街道在炮弹的打击下成了废墟，碎石堆里横七竖八的残肢触目惊心。求饶是无用的，逃避更是徒劳，偶得一两处僻静的地方，逃难者以为可以躲避敌人的耳目，谁知还没藏妥，明晃晃的尖刀便到了眼前，原先还喘息的生命一下成了温热的尸首。

　　彼时，陈香梅正和朋友们在大后方，尽管没有目睹那场惨绝人寰的屠杀，但从前线传来的描述却依然让她和其他同胞潸然泪下。这是一种一个民族被践踏的耻辱和悲哀，更是一种灭绝人伦的残暴。或许，曾经的施暴者可以轻而易举地将自己的罪行磨灭，但因为战争而深受其害的南京百姓、中国百姓却无论如何也不能忘记这样的暴行。

　　多年后，当这座废墟一样的城市再次人声鼎沸时，那些持续几天几夜的惊叫声和爆炸声早已没入历史的尘埃，但图片上惊慌失措的眼神依然在博物馆的橱窗里张望着这个世界。

　　铭记苦难能让人谨慎，记住耻辱能让人觉醒。对陈香梅来说，这趟源自政治目的的纪念之旅其意义不仅在于收集反法西斯战争胜利的资料，更在于传播抗日英雄们的事迹和故事，因为在她的记忆里，那些为了国家而与日本侵略者奋勇战斗的人们除了是当年的英雄，更是新时期人民的榜样，无论时间怎样流逝，他们为民族而战的精神气节都是暗夜里领航的那一道明灯。

工业革命的发展让整个世界以前所未有的速度飞速发展。高楼林立，灯火通明的城市里，人们在埋怨人情冷漠的同时也渐渐遗忘了历史的故事和过往。70 年前满目疮痍的土地上繁花似锦，那些长眠于地下的英雄们好像也开始渐渐被人们所遗忘。

虽然谁也不能阻挡历史前进的步伐，但陈香梅却愿意用自己的力量留下那段关于二战的历史记录。唯有如此，她才能对包括自己丈夫在内的英雄们致敬。

作为历史的亲历者，陈香梅坚持还原历史真相的决心和勇气让人钦佩。我们欣赏为真相坚守的人，也崇拜那些坚持真理的人。和欲盖弥彰的欺瞒相比，这些人遵循的客观与公正的态度才是对历史最认真的回望和最真挚的尊敬。

民间大使

如同诺亚方舟里的鸽子一般，人们对象征和平的使者总是抱着挚爱和感激的心情，因为他们奔波在不同民族和国家之间的行为，在传递彼此文化的同时，让冲突和争端在谅解和沟通的基础上得到缓解和消融。

和官方授予官职的使臣不同，民间大使的工作范围虽然与政治没有太大的关系，但其内容却更为细致。它可以是亲人之间通信的技术支撑，可以是双方贸易的经济支援，可以传递不同人民之间的情感，可以寻求不同文化之间的共同点。它关系民生的方方面面，也和国家大计密不可分，它没有成文的规定，却是不同国度的人民之间交往最值得信赖的基础。

作为中国最早一批驻外大使的后代，陈香梅从小就在外祖父和父亲的讲述中产生了对国际关系最懵懂的理解。在她看来，两个不同国度之间的相处之道更像是两个抱有各自立场的独立行为人之间的交往，不论合作还是争执，不管联合还是对抗，说到底背后隐藏着的都是人类趋利避害的本性。因此，更好地处理不同国家和民族之间的关系，关键就在于发现和放大两个国家之间的共同点，唯有如此，才能减少双方敌对的理由，增加和平相处的可能。

一直以来，陈香梅身上东西方碰撞后神秘而特别的气息都让她独一无二。还未上一年级的时候，她随父母周游东南亚各国的经历就让她成了班上少有的见过世面的女孩儿，长大后，从外祖母和母亲身上继承的来自西欧国家的浪漫和大方，让她成了香港教会学校里数一数二的风云人物。

和今天凭借护照便可行遍全球的便利不同，近百年前，漂洋过海到异国他乡仍然是一件难能可贵的事情。刚从满清王朝解放的人们虽然意识到这个世界并非中国一家独大，但关于国门以外其他国家的知识却并未普及到田野乡间。然而，就在别人对出国一事仍然充满恐惧的时候，陈香梅却早已轻车熟路。

人们常说，高度决定视野。陈香梅良好的家族背景和少有的国外经历使她的视野总能比别人开阔，即便和她学历一样的男人们也常常因为她看问题时独特的视角感到惊讶。

在美国从政的过程中，陈香梅身边常常有优秀的华人参与进来。这些新鲜血液的加入在陈香梅看来是非常好的现象，但参与者之间划分派系的习惯却让她感到不解。同样来自中国，身边的从政者似乎更喜欢将同行的人划分为山东人、北京人或是广州人，陈香梅却对此不甚反感。在她看来，同胞之间真正应该做的是团结一致，为薄弱的华裔官员增添实力，也为中美两国之间的交流协作创造条件，否则那种类似于欧洲各国派系的划分只是削弱华人自身的力量，对华人在美国赢得话语权没有丝毫的帮助和意义。

客观来讲，陈香梅虽然也是出入白宫的政客之一，但她从头到尾都不是一个利欲熏心的女人。"有容乃大，无欲则刚"，这句话规范着陈香梅在政坛的脚步，也让她成为朝代更迭中不曾陨落的明星。

大约是陈香梅向来平易近人的缘故，美国新闻界提到她的名字都十分尊重。67岁时，陈香梅得到了多位导演的邀请，希望能将她传奇的一生搬上银幕，但陈香梅却拒绝了。距离丈夫过世已经过了许久，她和陈纳德那段发生在二战中的爱情故事却依然令人心动。或许，这是一个为政治前途造势的良好机会，但陈香梅却不愿意自己的爱情成为政治资本，毕竟，那是自己的人生，即便她的另一半和政府有着剪不断、理还乱的关系，但公私之间的界限还是要泾渭分明。

四年一次的白宫易主一直都纷乱无章，陈香梅虽然一直用自己的笔墨记录着白宫里发生的一切，却从不以此为要挟获得不属于自己的利益。民主党和共和党的争执里，互相揭短已经成了政治常态，但陈香梅却一次也不曾踏入这样的旋涡之中。

或许有人会说，既然陈香梅在政治上如此"不思进取"，那就索性退出，另寻一处安静的处所过闲云野鹤的生活好了，但陈香梅并不是没有梦想的人。虽然，如她所说，自己坐在美国的最前排看着这个国家的历史在自己眼前演变，但她内心深处最渴望的还是能为自己的国家和人民作贡献。

种族之间相互排挤的陋习自古有之，无论是希特勒对犹太人惨无人道的屠杀，还是菲律宾、印度尼西亚等地对华人的排挤，这些现象所反映的都是一个民族狭隘的共生观。作为殖民地演变而来的国家，美国也未能完全幸免，不同色种人群之间权利和义务的不对等在南北战争时期得到了良好的改善，解放黑奴的运动并不是终点。

彼时，中美之间的通航尚未启动，但美国国内的华人却不在少数。除了做奴工的华人之外，另一部分人主要集中在唐人街开设洗衣店或是餐馆。他们虽然任劳任怨，起早贪黑，但来自白人的鄙夷和歧视仍然让他们步履维艰。

同样的资金，白人能获得的资源要比华人多出许多倍；同样的政策，白人能得到的特权华人却只能翘首期盼。当年，美籍华人陈果仁被美国白人罗纳德父子殴打致死，杀人凶手最终获得的刑罚仅仅是 3000 美元的罚金，甚至连具体的罪名都没有。虽然这一案件引起了全美范围内的反亚裔运动，但事件背后隐藏的不同种族间的尴尬却并没有得到彻底根治。

面对这样的情形，陈香梅觉得自己肩上的担子异常沉重，她意识到自己这个共和党部全国主席应该为他们争取更多利益，并为他们赢得更多的人权和福利。

为了让自己的声音足够响亮，陈香梅除了在大型的政治讨论会或是在各种会议上发表观点，还经常和朋友们到各地做演讲，做宣传。每当她的讲话赢得满堂掌声的时候，当地人对华人的偏见便少一分，同胞们发展事业的空间和条件就向更好的方向前进了一步。

渐渐地，华人生活和工作的环境开始好转，加上他们勤恳认真的优良品质，手上经营的事业很快就有不错的发展。许多餐馆的生意越做越好，其中一部分人还将店面开到了纽约或是洛杉矶的繁华市区，他们的孩子也开始进入名校，并在毕业后进入各行各业，成为工程师、医生、律师一类的优秀人才。而那些号称"法律面前人人平等"的律师和法官们也不再随心所欲的断案，生怕稍有不慎，又招来异族的联合攻击。

看着自己的同胞在美国站稳脚跟，陈香梅的内心感到无比的骄傲和自豪。但她心里还是有个解不开的结，那就是冷战局势下，中美两国互不往来的现实。大洋彼岸的亲人可还无恙，多年未能联系的她心中甚是挂念。每个月，农历十五的月亮都会照在陈香梅家的阳台上，站在浓浓月色下的她在感受到明月带来美的同时，更加重了内心"月是故乡明"的伤感。

所幸的是，历史的车轮终究是前进的。陈香梅关于祖国和故乡的思念，终于在一次意想不到的电台讲话中得以实现。

1971 年 7 月 15 日晚，当尼克松在洛杉矶伯班克全国广播公司将中美两国建交这一爆炸性新闻通过无线电波传到千家万户的时候，陈香梅的内心既震惊又兴奋。这条期盼已久又不可思议的消息让从来以冷静著称的她泪流满面。

秘密前往中国的前几天，基辛格曾经在尼克松的引荐下与陈香梅做了有关亚洲问题的深入交流，虽然陈香梅不知道基辛格的行程和目的，但她对亚洲问题的见解和思考却给基辛格的中国之行提供了有益的参考。

随着中美建交消息的发布，基辛格一夜之间成为全球范围内炙手可热的名字，陈香梅虽然没有来自参与那场世界外交史上著名的"遁身术"计划的实施，最终的结果却令她十分欣慰。冷战的格局尚未完全改变，但陈香梅却能预感到太平洋彼岸两个大国的握手所带来的必将是国际格局的骤变和世界形势的震荡。

高层的决定虽然和普通百姓的生活相距甚远，但大格局转变的过程中小人物的命运也必然会有所变动。就像过去的二十年一样，两大阵营的对立给陈香梅带来的切身体会便是有国不能归。虽然，她仍旧清晰地记得故乡的乡音，家乡的山山水水依然能清晰地在脑海中浮现，但政策上的限制让她没有任何可能回到那座魂牵梦绕的城市的机会。

如今，交流的大门在政策下打开，对故土的思念和渴望如同泛滥的洪水一发不可收拾。她告诉自己，一定要回去，因为和自己想念祖国的亲人一样，大洋彼岸的亲人也一样想念自己。这种不被时间、地点和政治阻隔的感情，正是世间最美妙、最动人的家国情感。

许多年后，当陈香梅带着访问团多次在中美两国之间往返的时候，那种旅行所带来的使命感的愉悦让她感受到前所未有的激动。她自认为自己不是一个政治家，但她却庆幸自己能遇上一个能让自己充分发挥价值的美好时代。开创历史的人固然伟大，但书写历史的人同样值得敬佩。

而陈香梅正是以她的生命经历为笔写下属于自己、也属于历史的辉煌篇章的非凡女性。

我属于你，中国

在哈佛大学的国际关系学院，有一门课程非常有意思。它不是老师在黑板上长篇累牍的讲解，也不是教授们对国际关系理论的重复诵读，相反，在这堂课上，真正成为课堂中心的讲解者是来自各国的、不同肤色的学生们。

作为一门与时俱进的课程，对世界的认知尚且肤浅的孩子们对国际关系局势的看法或许不是很成熟，有时甚至因为每个人的宗教和信仰不同而对同一个政治问题有不同的看法。但这一点，丝毫不妨碍学生们在这堂课上畅所欲言，因为正如哈佛的老师们所说的那样，这些来自世界最前沿的理论最真实地反映在世界局势现状的同时，也为所有研究国际关系的学者提供了来自政治旋涡中的人们最真实的心声和体会。

来自中东的学生站起身来大胆地讲述自己国家的现实情况，来自其他地区的人们安静地听着，丝毫没有打断的意思。在他的描述中，那个因为石油而富庶的国家虽然资源充足，但连年的战乱和不期而遇的恐怖袭击却让每个人的心里都充满了恐惧，甚至连航班理所当然的顺利到达都成了乘客欢呼鼓掌的理由。这是一种关于安全感的恐慌，更是一个国民对祖国难以言说的不信任感。

大学的时光虽然美好，但最终来这里留学的孩子们大部分都要回到自己的国度，当这位中东的学生听说来自中国的同学毕业后打算回国工作时，他内心的羡慕和憧憬瞬间溢满胸膛。中国的同学起初很不能理解，因为留学结束后归国回家本来就是理所当然的事情，但那位眼神里充满渴望的同学的话却让中国学生突然意识到自己忽略了早已国富民强的祖国带给自己的安全感。

"真羡慕你们能回到自己安全平静的祖国，我的祖国却仍然在战争和恐怖袭击的威胁下动荡不已。"——这句话很简短，但它包含的却是国家和人民相辅相成、和谐共生的关系。

平日的课程里，国际关系理论的老师或许不会注意一个中东或是非洲国家的学生如何解读他们国家的动态，但经常的，教室里的中国学生总会被点到名字，并就中国最新的政策做详尽的解读。或许，这个中国学生的成绩并不是班里最优秀的，或许这个中国学生并不是最能言善辩的，但在国际关系课程的老师眼里，中国学生的观点却十分有价值，因为它所代表的不仅是世界上十五亿人口的立场和观点，更代表了世界第二大经济体的动向和趋势。

而这，正与陈香梅一直提倡的靠国家分量提升人民地位的观点不谋而合。

在美国的日子里，陈香梅知道了不同族群之间存在的不和谐，也知道一个国家的落后与愚昧，不仅影响到本国人民的生活水平和质量，更影响到游历在外的海外赤子的处境。

在陈香梅的外祖父还是驻外使臣的时候，外交官的身份并不能给他在异国的生活带来多大的帮助。虽然各国在外交领域遵循"两国交战、不斩来使"的习惯，但言谈间，廖凤舒还是能清晰地感觉到列强对落后中国的鄙夷和蔑视。

船坚炮利下，中国打开了长期封闭的国门，虽然洋务运动和民主主义革命的发展让中国开始走向共和，但积贫积弱的中国距离崛起和复兴仍然有很长的路要走。而海外的华人也只能在殷切的期盼和无尽的忍耐中度过身在异国他乡的日子。

几十年前，为华人合法利益而据理力争的陈香梅虽然从来不曾妥协，但她却不时感觉到自己力量的薄弱。虽然战争让这个世界面目全非，但那些战后迅速崛起的国家却在增强国力的同时提升了本国人民在国外的话语权。当他们向美国当局提出异议的时候，身后强大的国家让当局不再理所当然的驳回申诉，而是有耐心将内容听完再做定夺。但华人的提案却极少有这样的待遇。

虽然陈果仁被杀的案件在美国引起轩然大波，使得美国政府不得不重新考虑对华裔和泛亚裔人口的政策调整，但如此的以牺牲无辜生命换来的短暂权利却终究还是杯水车薪。为了让自己能有更好的发言权力，陈香梅积极融入美国群体，用他们惯用的西方思维找到政策或决议的漏洞并加以反驳。这种聪明才智和勇敢让陈香梅成为全美新闻界颇为尊敬的对象。若她成为白宫里一言千金的专家，那么她身后的国度就变得至关重要了。

冷战的局势下，美国社会中流传的关于中国的谣言大多是不实的，毕竟不是所有人都像陈纳德一样亲自到中国感受文明古国的辉煌和人民的伟大，所以别有用心的挑拨离间让人们对这个尚且不够强大的国家充满鄙夷。陈香梅虽然知道谣言其中的表述大多都是虚构、不真实的，但以她一己之力很难将人们心中已然固化的形象更改，为此她努力地做这方面工作，同时内心更期盼的是祖国能有朝一日腾飞万里，让蜚声四起的流言不攻自破。

而这，也是陈香梅对中国改革开放的政策和其后的发展极为赞同和欣赏的原因之一。

1949 年成立新中国后，国内外紧张的政治局势让刚刚起步的中国没有足够的力量完成财富的积累，因此，到 1978 年，中国还是一个各方面亟待发展的国家。邓小平在前往新加坡考察的时候，李光耀曾经十分热情地邀请他到富庶的居民区参观。面对此景，邓小平在频频赞许的同时，更是说出了"他们什么都有，我们什么都没有"的感叹。

这是一种羡慕，更是一种反思，国土面积狭小，各类资源都不算富裕的新加坡能让人民过上幸福的生活，而地大物博，向来以聪明才智立足于世的中国却仍贫困落后。

为了改变现状，中央在十一届三中全会上提出了"改革开放"的决策，并通过大刀阔斧的实际行动，带领这个国家的人民完成前所未有的巨大发展。楼越盖越高，路越走越宽，百姓的荷包慢慢鼓起来的同时，外汇储备的数字也不断地向上冲刺。

或许，一纸政策对普通老百姓来说没有多大的现实意义，但越来越富裕的生活却实实在在地发生在每个人身上。让十几亿的人民脱贫不是一件容易的事情，让十几亿的人民致富更是一件功勋卓著的事情。陈香梅虽然没能亲历这一过程，但却能从祖国日新月异的变化中看到一个民族腾飞的迹象。

曾经西山在望的北京城墙旁边，钢筋混凝土和晶莹剔透的玻璃共同铸造而成的高楼拔地而起，童年泥沙俱下的车道被整齐划一的柏油路取代，四通八达的高架桥联通了整个城市，五花八门的产品令人眼花缭乱。

如果说身为首都的北京其变化是理所当然的，那么从一个小渔村发展到大都市的深圳则可以称为奇迹。中英街上，愤怒的人民在界碑面前的咬牙切齿成为时代的回忆，这座可以与香港媲美的城市因为在经济和政治上的特殊地位而成为历史的新篇章。

1997 年 7 月 1 日，中国国旗伴着英国国旗的下降缓缓上升。百年的耻辱在红旗到达杆顶的时候成为尘埃。陈香梅凝望着冉冉升起的紫荆花区旗依偎在迎风飘扬的国旗身边，自豪、欣慰、激动的情绪一起涌上心头。

年幼时，陈香梅曾经和姐妹们在香港度过艰难的生活，于她而言，那种因为战争而不得不忍受饥饿的痛楚远不如不抵抗消息所带来的绝望。战后，香港重新成为英国的殖民地，并一跃成为亚洲四小龙之一，为英国新时期的殖民活动带去了极大的利润和好处。但是，面对不属于自己却如此兴旺繁荣的香港，英国统治者难道就没有感到抱歉和惭愧吗？

陈香梅愤愤地想着，内心对这个统治期超越百年的殖

民国家充满了愤慨。闻一多在自己的诗歌里用"他们掠夺
了我的肉体，你依然保持那我内心的灵魂"的诗句描写了
殖民地与国土主体之间的关系，这样的描述在激起陈香梅
认同感的同时，也表述了海外赤子与祖国之间那难以割舍
的情感。

流利的英语取代了母语成为陈香梅日常最常用的语言，
钢笔和卡纸代替毛笔和宣纸成为陈香梅平日里书写的用具。
尽管身边充满了黄头发蓝眼睛的西方面孔，尽管陈香梅频
繁地出入白宫为一任又一任的美国总统效劳，但这些都改
变不了陈香梅内心对中国的爱意。

每次参加重大聚会，陈香梅都会穿上一身亮丽得体的
旗袍，并带上一条圆润的珍珠项链。这样的装束让她成为
会场里一位耀眼的明星，也让周围的人都深深地记住了
"她来自中国"。陈香梅用执着和认真坚持着对祖国的热爱，
她竭尽全力地捍卫它的尊严，更不允许任何人有语言或行
为上的诋毁。因为，无论时代如何变化，陈香梅都知道，
自己所属的，永远是那个拥有两千年文明历史的古老国度。

未来的力量

愈发强大的中国，再次面临一个问题，那就是：中国
的未来靠谁，这个巨大而艰巨的问题，它意味着中国的未

来将用什么样的方式书写，也在一定程度上决定了这个古老国度的走向。

和在本国相比，美国华侨的未来看上去似乎没有那么令人深思，但陈香梅却不这么认为。在她看来，这个看似"本土化"的问题在大洋彼岸的美国同样重要，因为它关系到千万华侨的未来，也影响到两个大国未来关系的发展。

过去的种种原因，中美两国的外交走过了坎坷的道路，冷战期间，彼此的隔绝更让双方的关系降到了冰点。好在两国的政治领导人敏锐地觉察到了这一现象，中美两国也在小球推动大球的政策下开启了难能可贵的破冰之旅。面对来之不易的成果，陈香梅自然异常珍惜，她不希望曾经的不融洽再次发生在下一代的身上，所以对新一代年轻人的教育更加关切。

她常常和年轻人聊天，通过日常的接触了解他们内心关注的东西和想法，并以此作为基础，在表达自己政治立场的同时又不失时机地为年轻人创造更为有益的环境。虽然这些努力有时不能改变美国当权者对华人的态度和政策，但至少这样的举动和努力能让种族的不平等和歧视不那么肆无忌惮。

在那个提倡人权的国度里，陈香梅巧妙地利用了当权者对面子的重视，以据理力争的姿态找到美国社会本身存在的矛盾，而美国政府也被陈香梅提出的质疑弄得精疲力尽。渐渐地，陈香梅摸清楚了美国政府的政治规律和施政规则后，使得在美华人的处境逐步朝着良好的方向发展。但这并不意味着陈香梅应该停下自己的步伐了。相反，中国本土和美国土生土长的华裔青年的不足和其产生的环境引起了陈香梅的关注。她细致入微地比对和观察这个族群的特点，并针对这一情况提出了她自己的观点和看法。

随着开放政策的深入，越来越多的中国学生前往美国留学，他们在学习这个国家世界领先的科学技术的时候，不可避免的也会受到美国本土文化的影响。

全盘吸纳自然不现实，毕竟美国社会的文化本身肯定存在不足和糟粕，但因为惧怕年轻人被另一种文化攻陷而封闭视听自然也是不可取的逃避策略。于是，如何做好文化的沟通和交流，如何让黑眼睛、黄皮肤的孩子们能在习得中国文化的同时，将世界上最先进的国家的优良传统内化为习惯，就成了年长一辈的责任。

对从政者来说，关系国计民生的问题都是他们必须关注的问题，而这其中，与下一代的成长紧密结合的教育问题自然不会被人遗忘。作为华人在美国的代表，陈香梅一直致力于提升华侨在美国的人权地位和生存环境，而这其中她对留学生的教育更是十分关注。

在她看来，美国的华裔青年大致可以分为两类，一类是从小在美国出生的"ABC"，另一类则是在中国完成了青少年时期的成长后才到美国继续深造的留学生。前者虽然不是蓝眼睛、黄头发、白皮肤，但从小耳濡目染美国文化的他们和美国本地的白人孩子在骨子里并有太大的差别。因此，在美国固有的种族不平等的环境下，他们通常会存在自卑或自大的两极分化的心态；后者则因为固有的思维习惯和西方国家存在差异，所以在表达个人意愿上不会有太强烈的欲望。

虽然美国是一个开放的国度，但它也有自身的社会规则。来美华人在智商上完全可以与美国人媲美，但他们身上的性格却不可避免地成了融入美国主流社会的障碍。而这，正是陈香梅极力想要改变的局面。

多年前，陈香梅曾经跟着大部队一起经历过最为颠沛的逃亡，满目疮痍的中国让她感到悲痛。那时，轮流穿一条破烂裤子轮流度日的家庭并不少，物质上的匮乏和生活上的艰辛让穷苦的孩子们早早当家。他们或是为了生计奔波，或是为了生存流离失所。生活和生命的双重压力袭来，让这一代人没有更多的选择，除了生存下去这一条路。而由此形成的谨慎保守的性格和民族特性却在新时代到来后，给中国人在海外的生存发展带来看不见的枷锁。

更可惜的是，这一点正慢慢成为在美华人下一代的通病。

改革开放的伟大之处在于它改变了过去几十年"一穷

二白"的局面，物质和金钱的快速增长让这个拥有两千多年历史的古老国度在新时期全球经济发展的恢弘中找到了属于自己的灿烂和辉煌，但随之而来的各种不足却越来越需要引起注意。

通商口岸日益畅通的新世纪里，陈香梅的中国之行越来越频繁，在深切地感受到中国巨龙腾飞的同时，这个向来以独立思考著称的女人又开始用她的理性思维客观而理智的审视这个民族可能存在的隐患。那就是时代大背景下教育问题凸显出来的弊端和隐患，包括家庭教育和通识教育。

在陈香梅的日常生活里，除了例行的白宫之行和工作安排，她最喜欢的就是到学校里给孩子们讲课。每当看到这些朝气蓬勃的孩子，她总能想起自己的童年，内心对他们的期盼也就愈发强烈。生活在战火纷飞的年代不能算幸运的事，朝不保夕的日子里，除了时刻提心吊胆的感觉，其他的情绪都不得不被压抑和隐藏。

在美国的这些年，陈香梅早已学会了如何融入西方社会，虽然她也曾经有过失败的经历，但这些过往都成了陈香梅教导孩子们的重要内容。她和孩子们讲述那段久远的历史，让他们不要忘了自己的祖辈是因为什么来到美国，也不要忘了祖辈曾经受过的苦难。

她的话生动有趣，没有呆板的教条，只有灵动的深刻的思想。陈香梅虽然和他们在年龄上相隔了数十年，但良好的交流和沟通，却让彼此之间的心灵距离近在咫尺。

轻柔的话语在耳边萦绕，年轻人享受着前辈带来的睿智向导，内心更有面对磨难和历练的勇气，让这些未来的中坚力量们受益匪浅。

全世界，只有一个陈香梅

常言道，士为知己者死，女为悦己者容。这句话，虽然出自千年前的中国，但其普适性却不局限于某个特定的族群或是某个地域。

在遥远的美国，陈纳德因为对和平怀有梦想而远赴千里之外的中国与受压迫的人民一同战斗，而陈香梅则因为陈纳德对自己的爱恋努力地保持着自己美好的身姿和容颜。这种东西方文化之间的巧妙结合，不仅反映在陈香梅的爱情上，更是她一生最辉煌、也是最与众不同的部分。

用邓小平的话讲，美国的议员有一百多个，但全世界却只有一个陈香梅。她出生在中国，却机缘巧合地成了美国政坛的风云人物。

当她站在天安门广场，眼前种种故乡的巨变让她感慨万千。那一刻，她不是白宫最叱咤风云的亚洲问题专家，不是美国报刊争相报道的名角，她只是中华民族最普通的一员，她的内心翻腾着对这个国家炽热的骄傲和自豪的感情。

从 1981 年陈香梅作为里根总统的特使到北京进行访问开始，她的中国之行从未间断过，尤其是在她用自己的积蓄建立了教师奖励基金后，更是坚持每年教师节都回国走访各个学校。

用陈香梅自己的话讲，她这是在美国赚钱，回中国花钱。而这其中，她投入最高的便是中国的教育事业。多年来，仅广州一地接受的陈香梅教育奖金就超过 200 万，除此之外，武汉、南昌、南京、沈阳、长春等城市也设有陈香梅贡献的专项教育奖励资金。每一次，陈香梅教育基金优秀教师奖都会在人民大会堂举行，许多来自大西北的教师从未到过北京，接过奖状时热泪盈眶地对陈香梅表示感谢。陈香梅则是平和而温柔地回应道："教师的眼界拓展了，西北的孩子们的眼界也就跟着老师们一起拓展了。"

除了在教育上做出资助，陈香梅还十分重视下岗女工再就业的问题。

作为从旧时代成长起来的女人，陈香梅自然知道女性地位提高的重要性，而有一份稳定的收入便是独立的重要依托。成立新中国后，女性的地位显著提升，在很多领域，女人都可以同男人一样完成相同的工作，这是女权的一大飞跃，也是重要的社会变革。虽然，因为经济发展的缘故，一部分女性不可避免地失去了原有的职业，但这并不能成为她们沉沦的理由，更不能因此改变女性独立自主的局面。因此，如何做好下岗女工的再就业，成了陈香梅心心念念的问题。

为了让这些新时代的女性能重新拥有工作的能力和技巧，陈香梅在上海专门设立了基金会，进行专项技能培训。而后，她又在安徽发起了"爱心助困香梅嫂子创岗"的专项行动，以此带领姑娘们在创新的道路上寻找全新的岗位和工作机会。

2008 年，汶川地震让整个中国陷入了前所未有的悲痛中，无论海内海外，中华民族的同胞们团结一致，抗击自然灾害，人们纷纷捐钱捐物，用爱心筑起一道受难者重生的生命线。彼时，陈香梅已经 83 岁高龄，以她的名望，完全可以将款项直接打到相应的基金会，由工作人员完成她的捐赠，但陈香梅却没有这样做。

顶着酷热，陈香梅奔波于香港、台湾、澳门、广州和上海之间，以最动情的演讲和最真挚的诚意号召大家募捐救援。讲台上，满含热泪的她告诉台下的人们："中国是自己的祖国，汶川人民是自己的兄弟姐妹，他们受到了如此巨大的灾难，我就应当用温暖的双手帮助他们。"在场的人被陈香梅的昭昭情义所带动，众志成城地为汶川人民贡献出自己的力量。

　　多年来，陈香梅在中国不同的城市里都有基金会，因此没有办法完整地统计出具体的数目，但和金钱的数字相比，陈香梅的捐赠行动惠及的人群数目才是更重要的统计指标。

　　在美国，陈香梅有固定的工资，出版的书籍和专著也获得了不少的稿酬，但严格来讲她算不上美国的富人。那些动辄千万的豪门生活并不是陈香梅的日常，她每天的生活都可以用清雅来形容。然而，正是这样一个普通的白宫顾问，却用她的积蓄为千里之外的国家和人民不断地做出贡献，尽管在她看来，这些事情完全是她作为炎黄子孙的义务，但行动中蕴含的爱国情感却令人动容。

　　在陈香梅美国的家里，始终都会放着一套精致的茶具，虽然在美国待了许多年，也同美国丈夫生活了许久，但陈香梅却没学会他们喝咖啡或是喝鸡尾酒的习惯。对她来说，世界上最好喝的饮品就是中国的茶叶，虽然喝的时候不像西方人一样放入诸如牛奶，或是糖一类的调味品，但那种甘苦中透出的清香却让人感到由衷的温馨。

　　而这个习惯，正与陈香梅始终保持着的那颗爱国之心重叠。就像她对中国茶的偏爱一样，在西装盛行的美国，陈香梅总是以绚丽的中国旗袍示人。在她的内心深处，源自祖国的情怀是不能阻断的，虽然她身后的国家曾经穷困潦倒，曾经国力衰微，但她却对它充满了信心，而最终，中华民族的崛起又让她发出的声音更加铿锵有力。

这或许就是国家和人民之间相辅相成的关系吧，当一个人将国家放在心里，国家便会在他最需要的时刻成为最坚强的后盾。这种关系源自族群的力量，更源自人们内心对族群的信赖，它是一个民族延续的动力，更是一个人立足于世的基础。

全世界，只有一个陈香梅，而她的一半还是中国的。邓小平对陈香梅的这句评价虽然半开着玩笑，但却精准地概括了陈香梅身上最与众不同的属性。世界的交融需要使者，东西方的融合需要对两方文化都融会贯通的角色来担起这副重担，而陈香梅因其特殊的经历和非凡的才华成为了中美政府共同且不二的选择。

从肯尼迪到克林顿，先后八位总统都将她视为不可多得的亚洲问题顾问。陈香梅用恳切的目光凝视着这个巨变中的世界，并希望为世界和平作出自己应有的贡献。而她却不知道，整个世界及生活在其中的人民用同样殷切的目光告诉她一个事实，那就是——

和平的步伐中，不能没有陈香梅！

后　记

第一次听到陈香梅这名字是小学五年级的时候，那时一部以她的名字为片名的电视剧在中国内地热播，年幼的我虽然知道这是个厉害的角色，却并不知道陈香梅的过人之处究竟在哪里。直到我步入社会，知道了生活的艰辛才意识到，陈香梅是令人何等钦佩的女性。

从小，她就以灵动和活泼著称。和其他女孩子不同，陈香梅的游戏时光大多是同男孩子度过的，而她如男子一般坚毅果敢的性格应该也是从那个时候开始养成的。

习惯了文学作品中低眸垂泪、俯首帖耳的女子形象，陈香梅如男人一般顶天立地的性格并不被那个时代的普通人欣赏，但如果用现代社会中的女权视角审视陈香梅的一生，她那透着独立和坚韧色彩的性格，却理所当然地成为了后生们的楷模。

陈香梅是个坚强的女性，她经历了战争的洗礼，又经过了生离死别的考验，她的一生虽然辉煌灿烂，但其中的辛酸苦楚也比比皆是。香港沦陷后，她在逃亡大后方的路上颠沛流离；与丈夫才过了十年的婚姻生活，30岁的她就独自一人支撑起整个家庭的运转。她被种族歧视的目光伤害过，也被不明真相的人中伤过，她遭受过政敌的攻击，也经历过政治上的失败，但这些都没能阻挡陈香梅前进的脚步。宝剑锋出磨砺出，梅花香自苦寒来，陈香梅用自己的韧性和坚毅将难题一一攻克，那些在外人看来近乎无解的难题却在她的智慧和能力下化解为云淡风轻般的过往。

旁观者不会在意当事人经历苦痛时的彻夜难眠，也不会关心那个伤心欲绝的人怎样摆脱以泪洗面的痛苦日子。最难挨的时间里，身旁的人给予的只能是安抚，真正能让当事人坚强起来的只有自己。新时期的女性不用经受炮火的轰炸，但现实世界里依然挫折不断。如何将自己的状态调整到最好，并成为生活的强者，陈香梅的精神和品质显然是不可多得的有益范例。通过阅读她的生平，相信我们一定能从她的故事里找到勇气和信念，并将它内化到自己的行为习惯中，以此提升抗打击与挫折的能力和品格。

除了坚强的性格特点外，陈香梅另一个重要的性格特征便是严格自律。无论是在私人问题上，还是在政治立场上，她从来都不会放纵自己的行为，更不会漫无边际的肆意张扬。陈纳德喜欢她穿旗袍的样子，她就节制饮食，将自己的体重保持在最适合旗袍的比例和尺度上；她不愿意过分地参与到各个党派的争夺中，便洁身自好，独立自省，既不与他人拉帮结派，也不和别人结党营私。

政治斗争是残酷的，更不会给一个弱女子重申的机会。深知这一点的陈香梅用孑然一身为自己的政治言论赢得了重要的立场支撑。这样的性格，为世人称赞。

在很多人的印象里，陈香梅是一个不折不扣的事业女性，但实际上，除了引以为傲的事迹之外，陈香梅的日常生活同样丰富多彩。她从来不把自己限制在闺房或是灶台，她除用心演绎贤妻良母的角色之外，更将剩余的精力投入到自己感兴趣的事业和兴趣上。她懂得服装设计的原理，知道衣服应该如何搭配；她写得一手漂亮的毛笔字，会用自己的语言描述过往的历史；她擅长交际，隔三差五会和朋友一起喝茶。在男人的眼里，她理性却不失温柔风范，在女人眼里，她勤俭持家又不失生活乐趣。

时代在变，女性的生活和地位也有了翻天覆地的变化，但大多数女人还是没能跳出封建社会的遗留框架，要么将自己束缚在孩子的嬉笑啼哭中，要么将自己锁在丈夫的喜怒哀乐里。这样迷失了自我的生活不应该成为女人生活的主题。

对初为人母的女人来说，陈香梅的从政经历或许不能复制，但她努力将自己的生活过得绚烂起来的思想和行动却值得学习，毕竟，生活除了柴米油盐，理想和美梦也同样重要。

常言道，金无足赤，人无完人。作为凡人的陈香梅自然也有自己性格上的不足之处，但相对于普通人，这个小个子的东方女人身上所拥有的优良品质却足以让她成为年轻人，尤其是年轻女性尊敬的对象。英雄人物有很多，但和那些叱咤风云的男儿相比，陈香梅的经历却是能完完全全映射到每个女性的人生历程上的。

从这一点上讲，阅读陈香梅的人生经历，其实更是在阅读一个女人在不同人生阶段的生活态度。这种被时光锤炼出的经验之谈，不仅能引起人们的共鸣，更能开拓新时代女性看问题的视野和角度。而这，正是陈香梅带给我们最有用、也最宝贵的生命宝藏。